企业管理与价值评估研究

吴红英 王玉梅 邓煜星 著

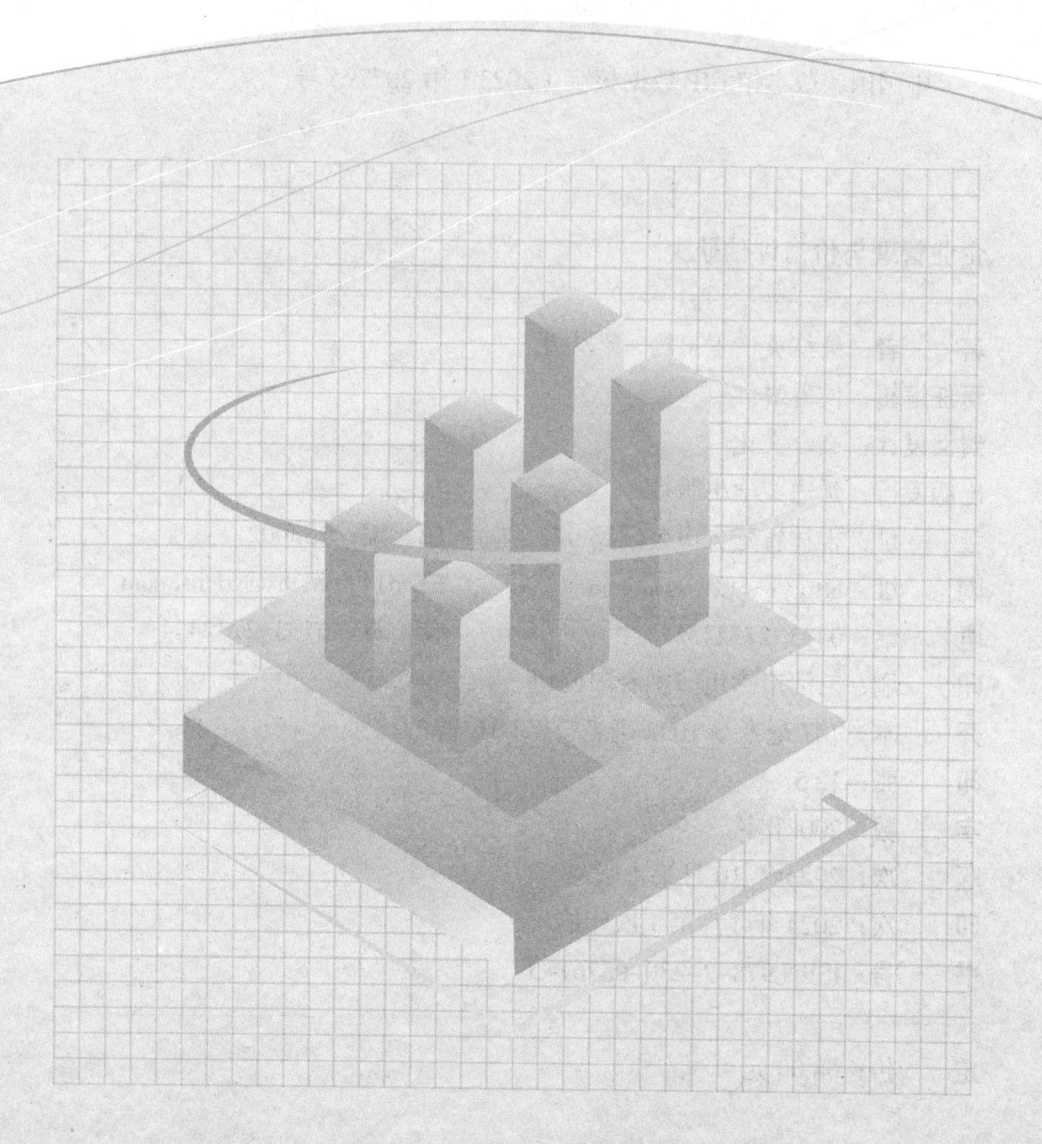

延吉·延边大学出版社

图书在版编目（CIP）数据

企业管理与价值评估研究 / 吴红英，王玉梅，邓煜星著．
－－延吉：延边大学出版社，2023.10
ISBN 978-7-230-05761-5

Ⅰ.①企… Ⅱ.①吴…②王…③邓… Ⅲ.①企业管理—研究②企业—价值论—研究 Ⅳ.① F272 ② F270

中国国家版本馆 CIP 数据核字（2023）第 207795 号

企业管理与价值评估研究

著　　者：吴红英　王玉梅　邓煜星
责任编辑：侯琳琳
封面设计：文合文化
出版发行：延边大学出版社
社　　址：吉林省延吉市公园路 977 号　　邮　编：133002
网　　址：http://www.ydcbs.com　　E-mail：ydcbs@ydcbs.com
电　　话：0433-2732435　　传　真：0433-2732434
印　　刷：三河市嵩川印刷有限公司
开　　本：787 毫米 ×1092 毫米　　1/16
印　　张：12.5
字　　数：200 千字
版　　次：2023 年 10 月第 1 版
印　　次：2024 年 1 月第 1 次印刷
书　　号：ISBN 978-7-230-05761-5

定　　价：68.00 元

前　言

美国管理学大师彼得·德鲁克（Peter Drucker）说："在人类历史上，还很少有什么事比管理的出现和发展更为迅猛，对人类具有更为重大和更为激烈的影响。"现代社会，管理已经成为连接自然与社会，调节计划与市场，调和人生价值、组织目标与社会责任，以及统筹人们生活、生存与发展所必须具备的知识与能力。好的管理既需要科学的理念，又需要恰当的方式。

企业价值评估是帮助企业实现财务管理目标的有力手段之一，是资产评估业的一个重要发展方向。企业价值评估的目的在于分析和衡量企业的公平市场价值并提供有关信息，以帮助投资人和管理者改善决策。企业的目标是价值创造最大化，价值创造是连绵不断的，具有能动性的，只有追求持续的价值创造，才能使企业之树常青。而价值创造的前提是形成科学的价值评估理论，构筑合理的方法体系。对不同节点上的同一企业进行价值评估，可以确定企业经营是否在创值。

当今社会日新月异，科技飞速发展，经济稳定发展，世界范围内的管理革命和创新不断深化。为了与此相适应，企业管理也要与时俱进，把握时代发展脉搏，反映前沿发展。

本书结合我国经济体制和企业管理改革现状，从实用的角度全面系统地阐述了现代企业管理与价值评估的基本理论、基本方法和基本技能，从企业的内涵和主要内容入手，对企业战略管理、企业生产管理、企业人力资源管理、企业财务管理、企业价值管理等内容进行了全面介绍，有较强的针对性和可操作性。目的是使读者了解和掌握企业价值评估的原理和方法、企业价值增值和考核的途径和方法。

CONTENTS 目录

第一章　企业管理的内涵和主要内容 …………………………… 1

　　第一节　企业管理的基本概念 ………………………………… 1
　　第二节　企业管理的产生与发展 ……………………………… 15
　　第三节　企业管理的特征与职能 ……………………………… 22
　　第四节　企业管理中存在的问题与解决路径 ………………… 29

第二章　企业战略管理 …………………………………………… 37

　　第一节　企业战略管理概述 …………………………………… 37
　　第二节　企业战略选择 ………………………………………… 43
　　第三节　企业战略实施 ………………………………………… 49

第三章　企业生产管理 …………………………………………… 55

　　第一节　企业生产管理概述 …………………………………… 55
　　第二节　企业生产过程组织 …………………………………… 59

第三节　生产过程的高效组织形式 ················· 65

第四节　企业生产管理方式 ························· 69

第四章　企业人力资源管理 ························· 79

第一节　人力资源管理概述 ························· 79

第二节　绩效考核与薪酬管理 ······················· 83

第三节　人力资源开发与员工培训 ··················· 92

第五章　企业财务管理 ····························· 99

第一节　财务管理概述 ····························· 99

第二节　企业内部的财务管理 ······················· 102

第三节　企业投资管理 ····························· 114

第四节　企业股利分配 ····························· 118

第六章　企业价值管理 ····························· 122

第一节　企业价值管理的内涵与意义 ················· 122

第二节　企业价值管理的基本框架 ··················· 124

第三节　投资者沟通与价值实现 ····················· 130

第七章　企业价值与企业价值评估 ··················· 132

第一节　企业价值概述 ····························· 132

第二节　企业价值评估的产生与发展 ················· 135

第三节　企业价值评估的社会需求 …………………… 142

第八章　企业价值评估的基本程序与方法 …………………… 147

第一节　企业价值评估的基本程序 …………………… 147
第二节　企业价值评估的基本方法 …………………… 162

第九章　特殊情形下的企业价值评估 …………………… 173

第一节　多元化经营的企业价值评估 …………………… 173
第二节　周期性经营的企业价值评估 …………………… 180
第三节　陷入财务困境的企业价值评估 …………………… 183

参考文献 …………………… 188

第一章 企业管理的内涵和主要内容

管理从人类社会存在的那一刻起就已经存在，跨越了几千年的历史长河，一直为社会发展与进步贡献力量。特别是在21世纪，现代社会生活发生了巨大的变化，管理成为各种组织的重要工具。国家的治理、国民经济的发展、企业的兴办和运营、项目的实施，乃至一个人工作、生活的安排，都离不开管理活动。

企业是一个有机的整体，企业管理是一个完整的大系统。企业管理是由生产管理、财务管理、营销管理、人力资源管理等子系统构成的，各子系统之间存在密切的联系。本章主要介绍企业管理的基本理论，包括企业管理的基本概念、企业管理的产生与发展、企业管理的特征与职能、企业管理中存在的问题与解决路径。

第一节 企业管理的基本概念

管理作为人类的一种实践活动，是伴随着人类社会的发展而产生和发展的，但迄今为止，"管理"一词还没有统一的可为大多数人所接受的定义，原因是不同的人对管理的认识和总结有所不同。现代企业是现代市场经济和社会生产力发展的必然产物，它较好地适应了现代市场经济和社会发展的客观要求，具有独有的特征。现代企业管理也有其独特的性质与原理。

一、企业的概念与基本特征

（一）企业的概念

企业是从事生产、流通、服务等经济活动，为满足社会需要和获取利润，依照法定程序成立的具有法人资格的进行自主经营并享受权利和承担义务的经济组织。企业是一个与商品生产相联系的历史概念，它经历了家庭生产时期、手工业生产时期、工厂生产时期和现代企业生产时期等发展阶段。

企业作为一个社会微观系统，其基本资源要素主要包括人力资源、物力资源、财力资源、技术资源、信息网络资源、时空资源等。

人力资源表现为一定数量的具有一定科学文化知识和劳动技能的劳动者。这是在企业生产经营过程中最活跃的要素。

物力资源表现为一定数量和质量的原材料和能源，以及反映一定技术水平的劳动工具和生产设施。其中，材料是构成产品的物质基础，劳动资料是对劳动对象进行加工的必要因素。

财力资源是一种能够取得其他资源的资源，是推动企业经营过程周而复始地运行的"润滑剂"，是以货币形式表现的长期和短期的企业资金。

技术资源包括形成产品的直接技术和间接技术，以及生产工艺技术、设备维修技术、财务管理技术、物联网技术、移动通信技术、大数据分析技术、区块链技术、生产经营的管理技术等。此外，技术资源还包括组织市场活动的技术、信息收集和分析技术、市场营销策划技术，以及谈判推销技术等。技术资源是将企业的资源要素转化为产出的关键。

信息网络资源包括各种情报、数据、资料、图纸、指令、规章以及各种网络资源等，是维持企业正常运营的神经细胞。特别是在现代社会中，在"互联网+"和大数据时代，企业的生存和发展离不开网络。另外，企业信息吞吐量是企业对外适应能力的综合反映。信息的时效性可以使企业获得利润或产生损失。

时空资源是一种特殊的资源要素，是指企业在市场上可以利用的、作为公共资源的经济时间和经济空间。节约时间会提高企业的效率和盈利水平,因而具有价值功能。现代社会的生活节奏越来越快,因此企业必须树立"时间就是金钱,时间就是财富"的理念。空间资源是指人类通过劳动直接改造和利用的、承接现实经济要素运行的自然空间,从物质资料再生产的角度可将其分为生产空间、分配空间、交换空间和消费空间。①

(二)企业的基本特征

企业作为独立的社会经济组织具有以下特点:

第一,企业是合法性组织。企业的合法性主要表现在两个方面:一是企业必须在政府管理部门登记注册,同时具有合法的、独立的经营条件,取得政府和法律的许可;二是企业必须严格按照法律规定行使权利和履行义务。

第二,企业是经济性组织。这一特性将企业同那些归属于政治组织、行政组织和事业单位的政党、国际机构、军队、学校等社会组织区别开来。在形形色色的社会组织中,只有从事商品生产和经营的经济组织才可能是企业。企业作为特定商品的生产者和经营者,它生产产品或提供服务,并不是要自己享受这些商品的使用价值,而是为了实现商品的价值,以获取利润。这是企业的一大显著特征。

第三,企业是自主性组织。企业要获取利润就要保证自己的产品和服务在品牌、质量、成本和供应时间上能随时适应社会和消费者的需要。为此,除了加强内部管理外,企业还必须对市场和社会环境的变化及时、主动地做出反应,这就是企业的自主性。而权利和义务是对等的,企业享有自主经营权就必须进行独立核算,承担其行使自主经营权所带来的全部后果,即自负盈亏。如果企业只负盈不负亏,就不可能有负责任的经营行为和正确行使自主权的行为。

并不是所有从事商品生产和经营的经济组织都是企业。只有当该经济组织实行自主经营、自负盈亏、独立核算时,才能被算作企业。如果某经济组织虽然从事商品生产和经营,但并不独立核算、自负盈亏,而是由上一级组织统一核算、统负盈亏,那么其上一级组织是企业,该经济组织只是企业的一个下属生产单位。在这里,需要特别指出,我国在经济体制改革过程中大量涌现的

---

① 秦勇,李东进,朴世桓,等.企业管理学[M].北京:中国发展出版社,2016.

企业集团也不是企业，而是一种企业联合体，即由诸多企业所组成的一种联合体。在企业集团中，各成员企业拥有各自独立的自主经营权，是自负盈亏的经济组织。

第四，企业是营利性组织。获取利润是企业最本质的特征，企业在生产经营后如果没有获取利润，就无法生存，更谈不上发展。企业只有不断提高经济效益、增加盈利，才能更好地发展，为国家纳税，为社会多做贡献。但企业在赚取利润的同时，还必须承担起某些社会责任，如遵守社会道德、保护环境、保护资源、满足员工需求、为员工的发展创造良好的条件等。因此，追求利润不应是企业的唯一目标。

第五，企业是竞争性组织。企业是市场中的经营主体，同时也是竞争主体。竞争是市场经济的基本规律。企业要生存、要发展，就必须参与市场竞争，并在竞争中获胜。企业的竞争性表现在，它所生产的产品和提供的服务要有竞争力，要在市场上接受用户的评判和挑选，要得到社会的认可。市场竞争的结果是优胜劣汰。企业应通过有竞争力的产品和服务在市场经济中谋求生存和发展。

第六，企业是网络化组织。价值链组织对于一个企业来说还不够，因为它不一定能形成一个圆环。要成为网络化组织，企业就要对价值链的运作进行整合，这样企业就可以成为一个联合体。我国企业应该融入这个网络，而且要融入更大的价值网络。

二、企业的责任

（一）企业责任的概念

企业责任是指企业在争取自身生存发展的过程中，面对社会的需要和各种社会问题，为维护国家、社会和人类的利益，所应该履行的义务。

企业作为一个商品生产者和经营者，它的义务就是为社会经济的发展提供各种商品和劳务。它的身份和地位决定了它在国民经济体系中必须对国家、社会各方面承担相应的责任。

（二）企业责任的主要内容

企业对员工的责任。企业在生产经营活动中使用员工的同时，要肩负保护员工人身安全，培养和提高员工文化素质、技术素质，保护其合法权益等责任。

企业对社区的责任。企业有维护其所在社区正常环境、适当参与社区教育文化发展、环境卫生、治安事务、支持社区公益事业等责任。

企业对生态环境的责任。在生态环境问题上，企业应当为其所在的社区、区域、国家或社会，乃至全人类的长远利益负责任。要保护人类的生态环境，适应经济社会的可持续发展。企业作为自然资源（能源、水源、矿产资源）的主要消费者，应当承担起节约资源、开发资源、保护资源的责任。企业应当防止对环境造成污染和破坏，整治被污染破坏的生态环境。

企业对国家的责任。企业对国家的责任涉及社会生活、经济、文化等各个领域，包括企业遵守国家大政方针、法律政策；遵守国家关于财务、劳动工资、物价管理等方面的规定，接受财税、审计部门的监督；自觉照章纳税；管好、用好国有资产，使其保值增值等。

企业对消费者和社会的责任。企业向消费者提供的产品和服务，应能使消费者满意，并重视消费者和社会的长期福利，致力于社会效益的提高，如向消费者提供商品、服务信息，注意消费品安全，强调广告责任，维护社会公德。

三、企业的目标

企业的目标是企业在一定时期内要达到的目的和要求，一般用概括的语言或数量指标加以表示，如发展生产、扩大市场、革新技术、增加盈利、提高职工收入和培训职工等方面的要求，都要用目标表示出来。一个企业要实现一定的目的和追求，通常是将这些目的和追求转化为在一定时期内要达到的规定性成果目标，并通过达到这些成果目标去实现企业的目的。

目标对于人们开展活动具有引导和激励作用。它可以统一和协调人们的行为，使人们的活动有明确的方向；可以激发人们的努力；可以衡量人们的工作成绩。对于一个企业来说，如果没有明确的目标，企业的生产经营活动就会没有方向，管理就会杂乱无章，企业就不能获得良好的收益。

企业目标一般通过一定的规定性项目和标准来表达，它可以定性描述，也可以定量描述。任何目标都是质和量的统一体。对目标进行定性描述，可以阐明目标的性质与范围；对目标进行定量性描述，可以阐明目标的数量标准。企业的目标往往是一个目标体系，其内容是多元的，是以一定的结构形式存在的。从目标的结构看，企业目标可分为主要目标和次要目标，长期目标和短期目标，定性目标和定量目标。企业在一定时期内所要达到的目标习惯上被分为社会贡献目标、市场目标、利益与发展目标、成本目标和人员培训目标等，具体表现为产品品种、产量、质量、市场占有率，固定资产规模，利润额，上缴税金和福利基金等方面的目标。

（一）社会贡献目标

社会贡献目标是现代企业的首要目标。企业能否生存，取决于它是否能取得较好的经济效益、对社会有所贡献。企业能否发展，取决于企业生产的产品是否能满足社会需要。企业对社会的贡献是通过它为社会创造的实物量和价值量来表现的。企业之所以能够存在和发展，是因为它能够为社会做出某种贡献，否则，它就失去了存在价值。所以，每个企业在制订目标时，必须根据自己在社会经济中的地位，确定自身对社会的贡献目标。贡献目标可以表现为产品品种、质量、产量和企业缴纳的税金等。

（二）市场目标

市场是企业的生存空间。企业的生产经营活动与市场紧密联系，确定市场目标是企业经营活动的重要方面。广阔的市场和较高的市场占有率，是企业进行生产经营活动和稳定发展的必要条件。因此，企业要千方百计地扩大市场销售领域，提高产品的市场占有率。

市场目标可用销售收入总额来表示。为了保证销售总额的实现，企业还可以制订某些产品在地区的市场占有率作为辅助目标。市场目标既包括新市场的开发和传统市场的纵向渗透，也包括市场占有份额的增加。对具备条件的企业，应把走向国际市场、提高产品在国际市场的竞争能力列为一项重要目标。

（三）利益与发展目标

利益目标是企业生产经营活动的内在动力。利益目标直接表现为利润总额、利润率和由此决定的公益金的多少。利润是销售收入扣除成本和税金后的余额。无论是企业的传统产品还是新产品，其竞争能力都受到价格的影响。企业为了自身的发展和提高职工的物质利益，必须预测出未来各个时期的目标利润。企业要实现既定的目标利润，应通过两个基本途径：一是发展新产品，充分利用先进技术，创名牌产品，取得高于社会平均水平的利润；二是改善经营管理，薄利多销，把成本降到社会平均水平之下。对于企业来说，前者需要较高的技术，难度较大，而后者需要保持较高的市场占有率和长期稳定的利润率，并能给消费者带来直接利益。所以目标利润是带有综合性的指标，它是企业综合效益的表现。

（四）成本目标

成本目标是指在一定时期内，企业为达到目标利润，在产品成本上达到的水平。它是用数字表示的一种产品成本的发展趋势，是根据企业所生产产品的品种数量、质量、价格的预测和目标利润等资料确定的，是成本管理的奋斗目标。企业要对市场的需要，产品的售价，以及原材料、能源、包装物等的价格的变动情况和新材料、新工艺、新设备的发展情况进行分析，结合企业今后一定时期内在产品品种、产量、利润等方面的目标，以及生产技术、经营管理上的重要技术组织措施，找出过去和当前与成本有关的因素，取得必要的数据，并根据这些数据和企业本身将要采取的降低成本的措施，制订出近期和远期的目标成本。

（五）人员培训目标

提高企业素质的一个重要方面是提高员工的业务、技术和文化素养。要使员工具有专业技术的开发能力，就要在员工培训上下功夫。企业的经营方针和目标明确以后，需要有相应素质的人来完成。所以，企业一定时期的员工培养目标是保证各项新技术得以实施和其他各个经营目标得以实现的根本条件。

企业目标具体项目和标准的确定，要考虑企业自身的状况和企业的外部环境，处理好企业内外部的各种关系。企业目标应该是可考核的。企业制订目标时，必须让员工知道他们的目标是什么，什么样的活动有助于其目标的实现，以及什么时候完成这些目标。

四、管理、管理学与现代企业管理

（一）管理的一般含义及特点

1. 管理的含义

在现代社会，管理具有非常普遍的意义，是一种普遍的社会现象和实践活动。管理广泛地存在于社会生活中的各个领域，如政治、经济、军事、文化、教育等领域。那么，什么是管理呢？古典管理学派认为，管理是对组织的活动进行计划、组织、指挥、控制和协调的过程；行为学派则认为，管理就是协调人与人之间的关系，调动人的积极性和创造性的活动；现代决策理论学派又认为，管理就是决策。上述各种关于管理的说法，只是从不同的角度或侧面阐释了管理的内容，或强调工作和生产方面，或强调人际关系方面，或强调决策的技术和方法方面，并没有从根本上揭示管理的全貌。纵观人类社会的管理实践，我们可以给管理下一个比较全面的定义，即管理是指通过一系列组织措施，为管理对象创造一种环境，使之在这种环境中能充分、合理地运用人、财、物、信息与时间等各种资源实现预期目标。

2. 管理的特点

第一，管理具有明确的目标性。人类社会的一切管理工作都必须具有目标。管理的目标是一切管理活动的基本出发点和归宿。管理活动的计划、方案根据期望达成的目标而提出，而管理活动的成效也靠管理目标的实现程度来检验。没有目标，管理就失去了方向和评价的依据。

第二，管理是指导性工作，而不是替代性工作。管理者只能为被管理对象创造一种能顺利完成任务的环境与条件，即告知被管理对象该做什么，不该做什么，做到什么程度等，而不能替代被管理对象工作。如果被管理对象的积极性没有被调动起来，管理的作用没有得到发挥，即使管理者再辛苦，换来的也只是管理混乱，无法实现预期的目标。

第三，管理是为达成预期目标而进行的一系列活动。管理的目标是通过对人、财、物、信息、时间、技术等资源的组织、协调、控制来达成的。这就揭示了管理的客体是人、财、物、信息、时间、技术等各种资源，管理是围绕这些客体所进行的一系列职能活动。

（二）管理学的含义及特点

1. 管理学的含义

管理学是系统研究管理活动的基本规律和一般方法的科学。管理学是适应现代化大生产的需要而产生的。它的目的是，研究在现在的条件下，如何通过合理地组织和配置人、财、物等因素，提高生产力的水平。管理学是研究管理现象及其发展规律的科学，是综合性的交叉学科。管理学的定义可以从以下几个方面来进行理解：

第一，管理学的研究与管理的本质是联系在一起的。

第二，管理学在研究和把握管理本质的前提下，也对管理的具体形态进行了研究。

第三，管理学以探索管理现象的发展规律作为自己的目标和任务。

第四，管理学是一门科学。

2. 管理学的特点

管理学研究的是一般管理中共同的、带有规律性的原理和方法。了解管理学的特点，有助于人们正确认识管理学的性质，掌握管理学的学习方法和研究方法，并运用管理学的知识和方法开展管理实践。

第一，管理学是一门边缘科学。管理学的研究涉及许多其他学科的知识，既有社会科学，也有自然科学。管理学既涉及生产力，又涉及生产关系和上层建筑，它与经济学、政治学、心理学、数学以及各种技术科学都有着密切的联系，是这些学科交叉渗透的产物。所以，管理学不同于一般文科，也不同于一般理科，而是文理交叉的学科。管理学的研究范围十分广泛，所涉及的学科也非常多，因此管理学是一门综合性的、多学科的边缘科学。

第二，管理学是一门软科学。人们把具有物质形态的技术称为"硬技术"或"硬科学"，把具有知识形态的技术称为"软技术"或"软科学"。而管理学是研究组织资源的合理配置及利用的原理、程序和方法，以期达到组织的目标。

因此，管理学是一门软科学。

第三，管理学是一门应用科学。科学的门类一般分为基础科学、技术科学和应用科学。基础科学是研究基础理论的，在自然科学方面包括物理学、化学、生物学等，在社会科学方面包括哲学、历史学、经济学等。技术科学偏重应用一些工具和方法来解决管理上的问题，如应用运筹学、统计学等进行定量分析。应用科学则是将基础理论和技术用于实践，解决应用理论和生产技术的矛盾。分析管理学的定义可知管理学是一门应用科学。

第四，管理学是一门模糊科学。管理学的诞生仅有一百多年的历史，其中许多原理是建立在调查、访问、观察和归纳的基础上的，并没有经过严格的证明。另外，管理学还有许多未知的区域等待人们去研究，还有许多概念、观点等没有形成统一的定论。所以管理学是一门模糊科学。

第五，管理学是一门科学，更是一门艺术。管理学研究管理活动的一般规律，但在实践过程中，要根据具体的环境条件实施管理活动。管理者利用自身的知识、技能、方法和经验去解决各种复杂多变的管理问题，以取得最优的管理效果。这种创造性的管理活动，体现了管理学的艺术性。

（三）现代企业管理的概念及性质

现代企业管理是指企业管理工作者及企业全体员工按照现代社会化大生产的客观规律，对企业的生产经营活动进行决策、计划、组织、指挥、控制、协调、激励与创新，以达到企业预定目标的科学行为过程。企业管理是一个世界性和发展性的概念，它随着人类社会科学技术的进步和社会生产力的发展而不断变化。从企业管理的产生与发展过程及其对企业生产经营的实际影响等方面进行分析，企业管理具有以下特殊的性质。

1. 企业管理具有两重性

企业管理的两重性是指企业管理既有同生产力、社会化大生产相联系的自然属性，又有同生产关系和社会制度相联系的社会属性。

企业管理的自然属性取决于生产力的发展水平，它为一切社会化大生产所共有，而不取决于生产关系和社会制度的性质。因此，在企业管理中，有关合理组织社会化大生产的某些理论与方法，并不为某种社会制度所特有，而为所有社会化大生产所通用。另外，企业管理又是服从于生产资料所有者的利益和意志的，是社会生产关系的体现。也就是说，它是由生产关系和社会制度所决定的，由此形成了企业管理的社会属性。

对企业管理两重性的准确把握，是人们认识、学习和借鉴发达国家先进的、科学的管理经验与方法的指导思想，是研究、总结和发展我国企业管理经验的理论武器，因而对于建设具有中国特色的企业管理体系有重要的理论意义与实践意义。

2. 企业管理具有科学性与艺术性

企业管理的科学性是指企业管理以反映管理客观规律的管理理论与方法为指导，有一套分析问题、解决问题的科学方法论。企业管理的艺术性是指企业管理具有很强的实践性，即强调企业管理活动除了要掌握必要的知识与方法外，还必须掌握灵活运用这些知识和方法的技巧和技能。

企业管理的科学性要求企业管理者要注重对管理基本理论的学习和研究，遵循企业管理的一般规律，不断探索与形成企业管理的理论、方法与原则等。然而，这些理论、方法与原则不可能为企业管理者提供解决一切管理问题的标准答案，管理者必须从实际出发，具体情况具体分析，发挥自身的创造力。如果将管理的原理、方法当作教条，其管理的实践注定是失败的。这就要求管理者必须勤于实践，不断提高管理的艺术水平。

五、企业管理的基本原理

（一）系统原理和分工原理

1. 系统原理

系统是由两个或两个以上相互区别又相互作用的要素组成的、具有特定功能的有机整体。一般来说，系统具有整体性、相关性、目的性、层次性、环境适应性等特点。系统本身又是它所从属的一个更大系统的组成部分。从管理的角度来看，系统具有以下基本特征：

第一，目的性。任何系统的存在都有一定的目的，为达到这一目的，必须具有其特定的结构与功能。

第二，整体性。任何系统都不是各个要素的简单集合，而是各个要素按照总体系统的同一目的，遵循一定规则而组成的有机整体。只有根据总体要求协调各要素之间的相互关系，才能使系统的整体功能达到最优。

第三，层次性。任何系统都是由分系统构成的，分系统又由子系统构成，最下层的子系统由组成该系统基础单元的各个部分组成。

第四，独立性。任何系统都不能脱离环境而孤立存在，而只能适应环境。只有既受环境影响，又不受环境左右而独立存在的系统，才是具有活力的系统。

2. 分工原理

分工原理产生于系统原理之前，其基本思想是在承认企业及企业管理是一个可分的有机系统的前提下，对企业管理的各项职能与业务按照一定标准进行适当分类，并由相应的人员承担各类工作，这就是管理的分工原理。

分工原理适用范围广泛。从整个国民经济来说，可分为工业、农业、交通运输业、邮电业、商业等。从工业部门来说，可按产品进行分工，设立产品专业化车间；也可按工艺进行分工，设立工艺专业化车间。在工业企业内部还可按管理职能将企业管理业务分解为不同的类型，分别由相应的职能部门负责，从而提高管理工作的效率，使企业维持正常的运转状态。

分工是生产力发展的要求，分工的主要优点如下：

第一，分工可以提高劳动生产率。劳动分工使工人重复完成单项操作，从而提高了其劳动的熟练程度和劳动生产率。

第二，分工可以减少工作损失时间。劳动分工使工人长时间地从事单一的工作项目，中间无须或较少工作变换，从而减少了工作损失时间。

第三，分工有利于技术革新。劳动分工可以简化劳动活动，使劳动者的注意力集中在特定的对象上，有利于劳动者创造工具和改进设备。

第四，分工有利于加强管理，提高管理工作效率。在将管理业务从生产现场分离出来之后，随着现代科学技术和生产力的不断发展，管理业务也得到了进一步的划分，并成立了相应的职能部门，配备了有关专业人员，从而提高了管理工作效率。

分工要讲究实效，要根据实际情况进行认真分析，实事求是。一般企业内部分工既要职责分明，又要团结协作，在分工协作的同时要注意建立必要的制约关系。分工不宜过细，界限必须清楚，这样才能避免出现相互推诿等现象。在专业分工的前提下，按岗位要求配备相应的技术人员，是保证企业产品质量和工作质量的重要措施。在做好劳动分工的同时，企业还要注意加强对员工的技术培训，以适应因新技术、新方法的出现而产生的新要求。

（二）弹性原理和效益原理

1. 弹性原理

弹性原理是指企业为了达到一定的经营目标，在企业外部环境或内部条件发生变化时，有能力适应这种变化，并在管理上所表现出的灵活的可调节性。现代企业是国民经济系统中的一个系统，它的投入与生产都离不开国民经济这个系统。其所需要的生产要素由国民经济各个部门向其投入，其所生产的产品又要向其他部门输出。可见，国民经济系统是企业系统的外部环境，是企业不可控制的因素，而企业内部条件则是企业本身可以控制的因素。当企业外部环境发生变化时，企业可以通过改变内部条件来适应这种变化，以保证其达到既定的经营目标。

弹性原理在管理中的应用范围很广，如仓储管理中保险储备量的设定、新产品开发中的技术储备、劳动管理中弹性工作时间的应用等等，取得了较好的效果。

2. 效益原理

效益原理是指企业通过加强管理工作，以尽量少的劳动消耗和资金，生产出尽可能多的符合社会需要的产品，不断提高企业的经济效益和社会效益。

提高经济效益是社会主义经济发展规律的客观要求，是每个企业的基本职责。企业在生产经营管理过程中，一方面要努力降低消耗，节约成本；另一方面要努力生产适销对路的产品，保证产品质量，增加产品附加值。企业要从节约和增产两个方面提高企业的经济效益，以求得企业的生存与发展。

企业在提高经济效益的同时，也要注意提高社会效益。经济效益与社会效益是一致的，但有时也会发生矛盾。在一般情况下，企业应从大局出发，在保证社会效益的前提下，最大限度地追求经济效益。

（三）激励原理和动态原理

1. 激励原理

激励原理是指通过科学的管理方法激励人的内在潜力，使每个人都能在企业中尽其所能，展其所长，为完成企业规定的目标而自觉、努力、勤奋地工作。

人是生产力要素中最活跃的因素，创造团结、和谐的工作环境，满足企业员工不同层次的需求，正确运用奖惩手段，实行合理的按劳分配制度，开展不同形式的劳动竞赛等，都是激励原理的具体应用，都能较好地激发员工的劳动热情，调动员工的工作积极性，从而达到提高工作效率的目的。

激励理论主要包括需要层次理论、期望理论等。严格地说，激励有两种模式即正激励和负激励。对工作业绩有贡献的个人实行奖励，在更大程度上调动其积极性，使其完成更艰巨的任务，属于正激励；对因个人原因而导致工作失误且造成一定损失的个人进行惩罚，迫使其吸取经验教训，做好工作，完成任务，属于负激励。在管理实践中，企业按照公平、公正、公开、合理的原则，正确运用这两种激励模式，可以更好地调动员工的积极性，激发员工的工作热情，充分挖掘员工的潜力，从而使员工把工作做得更好。

2. 动态原理

动态原理是指企业管理系统随着企业内外部环境的变化而不断更新自己的经营观念、经营方针和经营目标。为达到此目的，管理者必须相应地改变管理方法和手段，使其与企业的经营目标相适应。企业发展与进步的关键在于管理的更新。企业既要根据经营环境的变化，适时地变更自己的经营方针，又要保持管理上的适当稳定，因为相对稳定的管理秩序是企业进行高质量管理的基础。

（四）创新原理和可持续发展原理

1. 创新原理

创新原理是指企业为实现总体战略目标，在生产经营过程中，根据内外部环境变化的实际情况，以科学的态度创造具有自身特色的新思想、新思路、新经验、新方法、新技术，并加以组织实施。

企业创新一般包括产品创新、技术创新、市场创新、组织创新和管理方法创新等。产品创新主要是提高质量，扩大规模，创立名牌；技术创新主要是加大科学技术研究力度，不断开发新产品，提高技术水平和员工队伍素质；市场创新主要是加强市场调查研究，提高产品市场占有率，努力开拓新市场；组织创新主要是切合企业发展的需要，调整企业的组织结构；管理方法创新主要是企业生产经营过程中的具体管理技术和管理方法的创新。

2. 可持续发展原理

可持续发展原理是指企业在整个生命周期内，要随时注意调整自己的经营战略，以适应变化了的外界环境，从而使企业始终处于兴旺发达的发展阶段。现代企业追求的目标不是企业一时的获利，而是企业长久的发展。这就需要企业管理者按照可持续发展的原理，全面考虑企业资源的合理安排，既要保证近期利益的获取，又要保证后续事业的蓬勃发展。

第二节　企业管理的产生与发展

企业管理是社会化大生产发展的客观要求和必然产物。社会生产发展到一定阶段，规模较大的共同劳动或多或少地需要指挥以协调个人的活动，通过对整个劳动过程的监督和调节，使个人的活动服从生产总体的要求，以保证整个劳动过程按照预定目标正常进行。尤其是在科学技术高度发达、产品日新月异、市场瞬息万变的现代社会中，企业管理就显得更加重要。

一、企业管理的产生

管理的历史与人类社会的历史一样久远，自人类有共同劳动时就有了管理。而企业管理却是在资本主义工厂制度出现以后，为适应资本主义生产发展的需要而产生并逐步发展起来的。

在资本主义生产方式产生之前的个体劳动条件下，劳动者只要具备简单的劳动工具就可以进行生产。至于生产什么、如何生产、生产多少，都由自己决定，自己管理自己。但是，个人的力量是有限的，无法同大自然斗争，于是便出现了集体劳动。而集体力量的发挥，则有赖于分工和协作，有赖于管理，就像一个乐队需要一个指挥一样。于是，便有了管理的萌芽。也就是说，管理是由共同劳动产生的。但是，在这一时期，管理还没有成为一种普遍的社会现象。

在工业革命以后，资本主义大工业生产逐步替代了手工生产，由少数人使用工具变成了大多数人使用工具。在手工劳动条件下，一件产品由一个工人完成，在机器大工业条件下，一件产品由多个工人分工协作完成。为了协调与指挥众多工人从事劳动，企业管理便产生了。

二、企业管理的发展

企业管理最初产生于资本主义社会，随着商品经济、社会化大生产以及科学技术的飞速发展，企业管理的内容日益丰富。企业管理的发展过程一般可分为传统管理阶段、科学管理阶段和现代管理阶段。

（一）传统管理阶段

传统管理阶段从18世纪末起到20世纪初止，即从资本主义工厂制度产生起到资本主义自由竞争结束为止，经历了100多年时间。

当时的管理主要是为了解决分工协作的问题，以保证生产的顺利进行，并充分利用各种资源，减少各种资源消耗，赚取更多利润。因此，生产管理、工资管理、成本管理是当时企业管理的主要内容。

这一时期管理的特点是：管理主要依据个人经验和感觉，没有科学的管理制度，工人和管理人员的培养靠的是师傅带徒弟的方式，把工人看成"经济人"。

（二）科学管理阶段

科学管理阶段从20世纪初起到20世纪40年代止，经历了约半个世纪。在20世纪初，美国的工业资本出现了迅速集中的趋势，在激烈的竞争中，中小企业纷纷倒闭，大企业不断涌现，资本主义由自由竞争开始逐步向垄断过渡。随着企业规模的不断扩大，生产技术水平不断提高，分工协作也更加细化，传统的家长式的凭个人经验管理企业的方式已经不能适应新时代的要求，科学管理便应运而生。

1. 泰勒的科学管理理论

美国著名管理学家泰勒（Taylor）是科学管理的创始人，被称为"科学管理之父"。泰勒当过学徒工、技工、车间主任、总工程师，最后成为总经理，这一特殊的经历使他有可能在工厂的生产第一线系统地研究劳动组织与生产管理问题。他做过许多科学管理的实验，其中有三项著名的实验。

第一项实验是搬运生铁。当时，每个工人平均每天搬运 12.5 吨生铁。泰勒对工人搬运生铁的动作和方法进行了研究，挑选了一个身强力壮的工人来进行实验，并亲自加以指导，这个工人在第一天下午就搬运了 47.5 吨生铁，大大提高了劳动效率。

第二项实验是铁砂和煤炭的铲料工作。以前，铲料工人自己备铲子，但是他们的铲子不标准，用以铲铁，每铲重量太大，用以铲煤，每铲重量又不足。泰勒经过实验，发现当平均每铲重量约为 0.45 千克时，铲料工作量最大。因此，泰勒专门设计了 10 多种不同形状的铲子，由公司统一制造，给工人使用，大大提高了工作效率。[①]

第三项实验是金属切削实验。过去切削加工没有标准的加工工艺规程，只靠师傅带徒弟，凭经验进行加工。泰勒对切削加工的方法进行了实验，制定了各种操作加工的标准，要求工人按照标准进行加工，大大提高了产品质量。

通过这些实验，泰勒总结了管理原理和方法，并于 1911 年出版了《科学管理原理》一书。这是资本主义世界最早的一部科学管理著作，也是企业管理从经验管理向科学管理过渡的标志。泰勒在书中全面、系统地论述了管理原理和方法，建立了自己的体系，后人称之为"泰勒制"。

泰勒制的主要内容包括以下几个方面：

第一，工作方法的标准化。通过分析研究工人的操作（动作），总结出高效率的标准工作法。为了使工人完成较高的工作定额，除了使其掌握标准工作法以外，还必须把工人使用的工具、机器、材料以及作业环境加以标准化。如前面提到的铁砂和煤炭的铲料工作实验。

第二，工时的科学利用。通过对工人工时消耗的研究，制定出合理的操作标准时间，规定劳动的时间定额，作为安排工人任务、考核其劳动效率的标准。

第三，按照标准操作法对工人进行培训，以替代师傅带徒弟的传统方法。

---

① 谭贵爱. 企业管理的重点领域及发展路径 [J]. 中国产经，2022（18）：88-90.

如前面提到的金属切削实验。

第四，实行有差别的计件工资制。对完成定额任务的工人，发放较高的工资，以激励工人积极工作。

第五，明确计划职能与作业职能。计划职能人员负责管理，作业职能人员即工人负责操作。

泰勒对企业管理的最大贡献是：他主张一切管理问题都应该用科学的方法加以研究解决，使个人经验上升为科学管理方法，开创了科学管理的新阶段。

与泰勒同时代的、对科学管理做出重大贡献的还有一些代表人物。例如，美国的吉尔布雷斯夫妇（Frank Bunker Gilbreth & Lillian Moller Gilbreth）在时间和动作研究方面做出了重大贡献；美国的甘特（Gantt）发明了运用线条图制订生产作业计划和控制计划的管理方法，这种线条图被称为"甘特图"；美国的福特（Ford）创立了汽车工业的生产流水线，为生产自动化创造了条件，被称为"福特制"。

2. 法约尔的组织管理理论

法国管理学家法约尔（Fayol）同泰勒一样都是工程师，但两人的经历不同。泰勒后期主要从事工程技术工作，所以他的管理理论主要是面向车间（生产管理）的。法约尔曾经担任法国一家矿业公司的总经理，因此他的研究侧重于企业全面的生产经营管理。他认为自己的理论不仅可以应用于企业，也可以用于军政机关。他的管理理论主要包含在1925年出版的《工业管理与一般管理》一书中。法约尔的管理理论主要包括经营的六种活动、管理的五个职能和管理的十四条原则。

法约尔将企业的经营活动分为六个方面：技术活动、商业活动、财务活动、安全活动、会计活动、管理活动。这六种活动是企业中各级人员都具有的，只不过由于职务高低不同而各有侧重。

在此基础上，法约尔进一步提出了管理活动的五个职能：计划、组织、指挥、协调、控制。

法约尔还总结了实际工作经验，提出了有关管理的十四条原则：分工、权限和责任、纪律、命令的统一性、指挥的统一性、个别利益服从整体利益、合理报酬、中央集权、等级系列、秩序、公平、保持人员稳定、首创精神、集体精神。

3. 梅奥的人际关系理论

人际关系理论始于20世纪20年代，其代表人物是美国哈佛大学教授梅奥（Mayo）。他主持了著名的"霍桑实验"。

霍桑是美国西方电器公司的一个制造工厂，位于美国芝加哥郊外。在20世纪20年代，霍桑工厂已经具有较完善的娱乐设施、医疗制度和养老金制度等，但工人仍愤愤不平，生产情况也不理想。为了寻找其原因，1924年11月，美国科学院组织了一个包括有关方面专家在内的研究小组，到霍桑工厂研究工作条件与劳动效率之间的关系。他们进行了多次实验，其中一个主要实验是"照明度实验"，这是霍桑实验的第一阶段。实验的目的是检验照明度等物质条件与劳动效率之间有没有因果关系。实验进行了近三年，最终研究人员发现物质条件与劳动效率之间并没有多大的联系。

1927年，梅奥组织了一批哈佛大学的教授，会同西方电器公司人员组成了新的研究实验小组，继续进行实验。研究人员将原来在车间工作的工人转移到特设的实验室进行实验。他们在分析前一次实验的基础上，选择了增加休息时间、缩短工作时间、改进工资支付方式等实验内容。

研究人员发现，在实验室里工作的工人的生产效率与原来相比都有所提高，但是这种生产效率的提高与物质条件的改善、休息时间的增加、工作时间的缩短等没有直接的联系。工人也说不清楚自己生产效率提高的原因，只是感觉在实验室里工作，由于没有工头的监督，工作自由了；知道自己是一项重要实验的成员，并与研究小组成员建立了良好的关系；利用休息时间，工人之间也增加了接触，工人之间的关系改善了，产生了一种团结互助的感情。于是，研究人员得出结论：管理方法的改进使工人之间的关系得到改善，从而使其生产效率有所提高。

在实验时，研究人员发现工人中似乎有一种"非正式组织"在起作用。于是又安排了另外一项实验，即电话交换机的布线小组实验。这个小组有14名工人，根据小组集体产量计算工资。根据小组的分析，就工人的生产能力而言，都可能超过他们目前的实际产量。但是在实验过程中，经过几个月的观察，小组产量总是维持在一定水平。经过仔细分析，研究人员发现组内存在一种"默契"，即有一种无形的压力限制着每个人突破生产纪录。当有人超过日产量时，旁边就会有人给他暗示。例如，公司给每个人定的标准是一天焊7312个接点，可是每个工人都把自己的产量限制在低于7312个接点的水平上,他们自己制定了一个产量标准:6000～6600个。谁超过这个标准,就会受到小组内其他工人的冷遇、讽刺或打击。当他们已经完成小组定额时,工人会在下班前就停止工作。这种"非正式组织"有自己的行为规范,还存在自然的群众领袖人物。

在进行上述实验的同时,梅奥等人又组织了一个遍及全厂的关于"士气"的调查。他们前后花了三年多的时间对全厂约两万名职工进行了访问谈话,以了解工人对工作环境、监工以及公司的看法。结果发现,工人很乐意谈他们想谈的一切,而且,工人发泄了心中的闷气后,也感到高兴。结果,工人对生产的态度也有了改变,产量也提高了。

就"霍桑实验"及访谈的结果进行总结,研究人员得出了与科学管理理论不同的新观点。梅奥在1933年出版的《工业文明的人类问题》一书中正式提出了人际关系理论,其主要内容如下:

第一,传统的科学管理理论把人当作"经济人"看待,而梅奥等人认为工人不仅是"经济人",而且是"社会人"。影响工人生产积极性的,除了物质利益等经济因素以外,还有社会和心理的因素。因此,不应该把工人当作"机器",而应该将其作为"社会人"加以尊重。

第二,传统的科学管理理论认为生产效率单纯地受工作方法和工作条件的影响,因而在管理上只强调工作方法的科学化、劳动组织的专业化,以及作业程序的标准化。总之,传统管理是以"事"为中心的。而梅奥的人际关系理论认为,生产效率的提高主要取决于工人的"士气",只要满足工人的社会心理需求,改变工人的态度,就会提高生产效率。

第三,企业中存在"非正式组织"。"非正式组织"的存在对企业管理者提出了新的要求:要注意倾听工人的意见,与工人进行沟通;要使正式组织的经济目标与"非正式组织"的社会需求取得平衡。企业管理者不仅要善于了解工人合乎逻辑的行为,而且要了解工人不合逻辑的行为(如情绪等)。

(三)现代管理阶段

现代管理阶段大体是从20世纪40年代开始一直到现在。第二次世界大战以后,西方经济发展出现了许多新变化,现代科学技术发展速度加快,技术更新周期和产品更新换代周期大大缩短,企业规模不断扩大,生产的专业化、协作化进一步加强，生产的社会化程度提高，而且出现了经营国际化的趋势，竞争异常激烈。这些变化使企业管理工作变得更加复杂，对企业管理提出了更高的要求。为了适应这种要求，现代企业管理的理论和方法逐渐形成并发展起来，主要包括以下学派：

1. 社会系统学派

社会系统学派从社会学的角度研究管理，其代表人物是美国管理学家巴纳德（Barnard），代表作是《经理人员的职能》。巴纳德认为，社会的各级组织是一个协作系统，是由相互协调的个人组成的协作系统，这些系统不论其级别高低和规模大小，都包含协作的意愿、共同的目标、信息的联系三个基本要素。组织中的管理人员是这个协作系统的中心人物，其在组织中起着相互协调、相互联系的作用，使组织能够顺利运转，从而实现组织目标。

2. 系统管理理论学派

系统管理理论学派与社会系统学派同属于系统学派，其把系统论的观点用于研究企业的管理活动，主要代表人物有卡斯特（Kast）和罗森茨韦克（Rosenzweig），他们的代表作是《组织与管理——系统与权变的方法》。该学派主张用系统或整体的观点来看待企业管理，把企业看作一个人造系统，同周围环境保持着动态的相互作用，是一个开放的系统。用系统的观点来管理企业能够提高企业整体的经营效率。

3. 决策理论学派

决策理论学派是以社会系统学派的理论为基础，吸收行为科学理论、系统论、运筹学和电子计算机技术而发展起来的一个学派。代表人物是获得1978年诺贝尔经济学奖的美国管理学家赫伯特·西蒙（Herbert Simon），其代表作是1960年出版的《管理决策新科学》。

4. 经验主义学派

经验主义学派的代表人物是美国的彼得·德鲁克，其代表作是《管理的实践》。经验主义学派认为，传统的管理理论都不能适应企业发展的实际需要，企业管理应该从实际出发，以大企业的管理经验为研究对象，把这些经验上升为理论，或者将这些经验直接传授给实际工作者，向他们提出有益的建议。

5. 权变理论学派

权变理论学派是从20世纪70年代开始发展起来的，其代表人物是英国管理学家琼·伍德沃德（Joan Woodward）等人。该学派认为，在企业管理中，不存在适应一切情况的、一成不变的"最好方式"，管理模式和方法应该随着企业内外部环境的变化而灵活变化。

6. 行为科学学派

行为科学学派产生于 20 世纪 30 年代。泰勒的科学管理理论对提高劳动生产率起到了重要作用，但同时也加重了企业对工人的剥削，激起了工人的反抗，劳资矛盾日益尖锐。因此，一些学者认为单纯地采用泰勒制不能对企业有效地进行管理，必须考虑人的因素，处理好人际关系。在这种情况下，行为科学理论应运而生。

第三节　企业管理的特征与职能

随着我国社会主义市场经济体制的持续完善和全球经济一体化进程的加快，企业面临着日益复杂的市场竞争环境。市场条件呈现出复杂的趋势，企业生产管理面临的不确定性和风险性因素相较之前也更复杂。在这方面，企业对于管理的要求比之前要严格得多。熟悉企业管理的特征和基本职能，可使企业提高自身管理能力，更好地适应复杂的竞争环境。

一、企业管理的特征

企业管理不同于一般的管理，有其自身的特征，具体如下：

（一）企业管理是一种文化现象和社会现象

企业管理是一种文化现象和社会现象，这种现象的存在必须具备两个条件：两个人以上的集体活动和一致认可的目标。在人类的社会生产活动中，多人组织起来，进行分工，会达到个人单独活动所不能达到的效果。只要是多人共同活动，就需要通过制订计划、确定目标等来实现协作，这就需要进行管理。因此，管理活动存在于组织活动中，或者说管理的载体是组织。

组织的类型、形式和规模可能千差万别，但其内部都含有五个基本要素，即人（管理的主体和客体）、物（管理的客体、手段和条件）、信息（管理的客体、媒介和依据）、机构（反映管理的分工关系和管理的方式）、目的（表明为什么要有这个组织）。外部环境对于组织的效果与效率有很大影响，外部环境一般包括行业、原材料供应、财政资源、产品市场、技术、经济形势、社会文化等要素。一般认为，组织的内部要素是可以控制的，组织的外部要素是部分可以控制（如产品市场），部分不可以控制（如国家政策）的。

（二）企业管理的主体是管理者

管理是让别人和自己一同去实现既定的目标，管理者要对管理的效果负主要责任。管理者的第一个责任是管理组织，第二个责任是管理管理者，第三个责任是管理工作和工人。

企业管理者在企业的生产活动中处于领导地位，具有特殊的重要作用。他们独立于企业的资本所有者，自主地从事企业经营活动，是企业的最高决策者和各项经营活动的统一领导者。其职能如下：

第一，确定企业的目标与计划。企业管理都有其既定的最终目标。在一定时期内，为了实现企业的目标，就要使目标具体化，形成企业的经营目标。企业的经营目标可分为长期目标与短期目标、总体目标与部门目标。企业经营者通过确立企业的目标和计划来统一企业全体成员的思想和行动，引导企业通过最有利的途径来实现其既定的目标。

作为企业经营者来说，要正确制订企业的经营计划，必须正确分析和判断企业的各种环境因素，善于估量市场的需求趋势、竞争企业的特点以及企业自身的优势和劣势，及时抓住有利的投资机会，巧妙地规避可能出现的风险，并善于利用企业各级管理人员的经验和智慧，做出最佳决策。[1]

第二，建立和健全企业的组织机构。建立和健全企业的组织机构，充分发

---

[1] 寇改红，于新茹.现代企业财务管理与创新发展研究[M].长春：吉林人民出版社，2022.

挥其各自作用,并保证企业整体实现最大的效率,是达成企业目标的手段。因此,任何企业的组织机构都必须适应企业目标或任务的需要,而且要不断地健全和完善。

第三,配备专业的企业管理人员。企业经营者必须充分重视人才的质量,首先,要重视人才的选拔;其次,必须重视人才的考核与评价,因为这是人才选拔、晋升、确定报酬和奖励的依据,否则容易挫伤员工的工作积极性,此项工作必须经常化;最后,必须充分重视对人才的培训,这是人才选拔、晋升的可靠基础。

第四,实现对企业全局的有效领导。一个优秀的经营者必须同时是一个优秀的领导者,这就要求经营者要学会运用诱因去激发员工的行为动机,使其心甘情愿、满腔热情地为企业的共同目标而努力。

第五,实现对企业经营全局的有效控制。企业经营者在确定企业的目标和计划后,就要发动和指挥企业全体成员去执行这些既定的目标和计划。其控制的职能就在于保证人们的执行活动始终不会偏离目标和计划的要求,从而保证目标得以顺利实现。

第六,实现对企业整体经营的有效协调。企业的经营活动是由众多相互联系的部门、环节和因素构成的统一体,在客观上存在一定的相互关系。在经营过程中,有可能出现这样或那样的矛盾,使这种相互关系出现不协调的情况。经营者的协调职能就是要设法解决这些矛盾,保证企业的生产活动始终处于协调状态,从而保证企业预期目标的顺利实现。

二、企业管理的职能

职能是指人、事物、机构所应有的作用。人的职能是在指一定职位的人完成其工作的能力;事物的职能一般指事物的功能;机构的职能一般包括机构所承担的职权、作用等。管理职能是指主管这样的特定职位,如基层主管、中层主管或高层管理人员等所需具备的与工作相关的特定职务能力。企业管理的基本职能是指,企业的管理机构和管理人员在企业的生产经营活动中所发挥的专职管理效能。企业管理的基本职能具体可分为决策、计划、组织、指挥、控制和激励等职能,现简要介绍如下:

（一）决策职能

决策是管理者为了实现某个目标，依据相关信息和权威而做出的关于资源配置和行动方案的决定。决策者往往遵循的是满意原则，而不是最优原则。决策的依据是信息和权威。

（二）计划职能

1. 计划的概念

计划是对决策所确定的任务和目标提供一种合理的实现方案，也可以理解为关于行动方向、内容和方式安排的管理文件。对于企业来说，"任务""目标""行动"的内涵往往是指企业的经营活动。

2. 计划的性质

计划往往包括以下几种性质：一是计划工作服务于组织目标的实现，二是计划工作是管理活动的基础和桥梁，三是计划工作具有普遍性和秩序性，四是计划工作具有经济性（有效性与效率）。

3. 计划的类型

计划可以分为以下几种类型：一是长期计划和短期计划，二是综合计划与专业计划，三是战略计划与战术（策略）计划，四是具体计划（指令性计划）与指导计划，五是程序计划与非程序计划。

4. 计划的编制过程

计划的编制过程如下：

第一，确定目标，决策过程的输出。

第二，认清现状，分析内部能力和外部环境。

第三，研究过去，对历史资料进行定性和定量的分析。

第四，预测和确定计划的重要前提条件，确定边界约束条件。

第五，拟订和选择可行的行动方案。

第六，制订主体计划。

第七，制订派生计划。

第八，制定预算，用预算使计划数据化、经济化。

（三）组织职能

1. 组织的含义

组织是两个以上的人在一起为实现某个共同目标而协同行动的集合体。它一般具有三层含义：

第一，组织是一个法人单位（名词含义）。

第二，组织是一个行为过程（动词含义），如组织起来。

第三，组织是一个单位的组织体系。

2. 组织的设计

组织设计是指编制构建一个组织体系的预期方案，包括设计组织的结构，设计组织中各部门的职能和职权，确定参谋职权、直线职权的活动范围（边界定义），编制职务说明书。其具体内容如下：

第一，职能与职务的分析与设计。

第二，部门设计。

第三，组织的层级与结构设计。

第四，配套运行制度设计。

3. 组织的类型

组织可以分为以下几类：一是正式组织与非正式组织，二是实体组织与虚拟组织，三是机械式组织与有机式组织。

4. 组织的层级化

组织的层级化包括层级结构、管理幅度、集权、分权和授权。

第一，组织的层级结构决定了组织运行的可靠性特征，层级越多，组织运行越可靠，但效率越低。

第二，组织的管理幅度决定了组织运行的效率性特征，幅度越宽，组织运行的效率越高，但可靠性越低。

第三，组织的集权，即决策指挥权集中于组织的较高层次，下级只有服从和执行的义务，如计划经济。

第四，组织的分权，即组织高层将一部分决策指挥权和相应责任分配给下级，往往是一个制度安排。

第五，组织的授权，即权力与责任分离，责任主体不变，把权力委托给他人，对于授权人而言具有一定的责任风险。授权往往是委托人和受托人之间的行为，不一定需要制度安排。

5. 组织结构的类型

组织结构可以分为以下几种类型：①直线制组织结构（单一的行政等级系列）；②职能制组织结构（增加管理职能部门）；③直线职能制组织结构；④事业部制组织结构（按产品划分组织单元）；⑤矩阵制组织结构。

6. 组织结构的创新

组织结构的创新可以从以下几个方面进行：

第一，组织结构扁平化（追求效率，牺牲可靠性）。

第二，学习型组织结构。

第三，网络化组织结构（虚拟组织结构）。

（四）指挥职能

指挥是通过下达计划、指令等来调度下属组织和人员，以便有效地指导和推动其实现计划目标的活动。指挥凭借权力和权威使下属服从，是在复杂情况下汇聚必要力量实现确定目标的主要条件。

实施指挥职能要确保指挥的有效性，要建立统一、高效的指挥系统；要在充分了解情况的基础上，按照实际情况进行决策，使指挥具有科学性。下级对上级要做到"有令则行，有禁则止"，维护上级的权威性，自觉服从上级指挥。同时，领导者在指挥过程中也应适当配以说服、激励等方式，使下级更加心悦诚服。另外，在企业管理中并非事事时时都需要指挥，小权分散，分工负责，领导当参谋，有时能够更充分地调动各方面的积极性和主动性，使企业的经营管理活动开展得更有成效。

（五）控制职能

1. 控制的概念

控制是指企业管理者保证实际业务活动与计划相一致的过程，是确定标准、执行标准、衡量执行情况并采取措施努力纠正偏差的一系列工作。

2. 控制与计划的关系

控制与计划相互联系、密不可分。

第一，计划为控制提供衡量的标准。
第二，计划和控制的效果分别依赖于对方。
第三，有效的控制方法包含有效的计划方法。
第四，计划本身需要控制，控制本身也需要计划。

3. 控制的基础与前提
计划、组织结构和信息是控制的基础和前提。
第一，控制要有明确和完整的计划（目标和标准）。
第二，控制要有明确的组织结构（职能和责任明确）。
第三，控制要依据有效的信息。

4. 控制的重要性
控制具有非常重要的作用，主要表现为以下几点：
第一，控制是组织适应环境的重要保障。
第二，控制是提高管理水平的有效手段。
第三，控制是增强员工责任心的重要手段。

5. 控制的过程
控制的过程包括以下几点：①确定控制标准；②衡量实际工作绩效；③将实际工作绩效与标准进行比较（分析偏差）；③采取措施纠正偏差。

6. 控制的典型领域
控制的典型领域包括生产控制、成本控制、质量控制、财务控制、库存控制、人员控制。

（六）激励职能

1. 激励的概念
激励是指通过影响人们的内在需求或动机来引导、维持和加强行为的活动或过程，其实质是对人积极性的激发与鼓励。

2. 激励的机制
第一，"需要"是积极性的本源。
第二，"认识"是积极性的调控器。
第三，环境对积极性有制约或促进作用。
第四，行为的效果对积极性有强化作用。

3. 主要的激励理论

第一，内容型激励理论包括美国著名心理学家马斯洛（Maslow）的需求层次理论、美国心理学家赫茨伯格（Herzberg）的双因素理论、美国社会心理学家麦克利兰（McClelland）的成就动机理论。

第二，过程型激励理论包括美国管理心理学家亚当斯（Adams）的公平（社会比较）理论、北美著名心理学家和行为科学家弗鲁姆（Vroom）的期望理论。

第三，行为改造型激励理论包括强化理论、归因理论和挫折理论。

激励除了技术性的方法外，还包括：关心和爱护员工，维护员工的自尊心；留意并及时肯定他们的长处，理解并保护他们的创造热情，通过民主形式激发他们的主人翁精神；平时通过有效的思想教育让他们了解工作的意义，时刻鼓励他们，使他们看到前途并树立信心；对员工进行适当的精神奖励，给予必要的物质奖励，必要时给予重奖，让他们自觉行动，充分发挥自己的主动性和聪明才智。在运用激励职能时，要注意把思想激励与物质激励结合起来，把解决思想问题和解决实际问题结合起来，把耐心的思想教育和严格的组织纪律结合起来。

企业管理的各项职能是一个有机的整体。通过决策和计划职能，明确企业的目标和方向；通过组织职能，建立实现企业目标的手段；通过指挥职能，建立正常的生产经营秩序；通过控制职能，检查计划的实施情况，保证计划的顺利落实；通过激励职能，激发员工的自觉精神。各项职能相互联系、相互渗透、相互制约，共同保证管理的协调性。科学而及时的决策和计划，统一而权威的组织与指挥，适时而有的放矢的激励与控制，是管理活动富有生机、协调而高效的体现，也是管理目标得以实现的保证。

第四节 企业管理中存在的问题与解决路径

我国目前正处在一个变革时期，一方面，我国经济与世界经济逐渐走向融合，全球化进程加快；另一方面，我国企业与国外企业之间的竞争也日趋激烈。为了在竞争中占据有利地位，我国企业就必须加强管理，这对企业管理提出了新的要求。要适应现代企业管理的发展变化趋势，企业不仅要提高企业管理水平，更要创新企业管理方式，解决发展中遇到的问题。

现代企业管理基本涵盖了企业内部运作中的各个方面，是一个非常宽泛的概念。按照管理对象划分，企业管理包括资金管理、人力资源管理、存货管理、市场管理等；按照职能或者业务功能划分，企业管理包括生产管理、销售管理、质量管理、财务管理、税务管理、信息管理等；按照层次划分，企业管理包括经营层面管理、业务层面管理、决策层面管理、执行层面管理等。如果企业管理水平提升速度跟不上市场环境变化和企业规模发展速度，可能会导致企业管理失效，使企业难以为继。

因此，本节从提升企业自身管理能力入手，分析我国企业发展面临的主要问题，并提出解决路径，以促使我国企业提高管理能力，实现健康发展。

一、企业管理中存在的问题

（一）企业资金管理中存在的问题

资金是企业的立身之本、发展之源，是企业维持可持续经营的重要基础。企业需要深刻认识到资金管理的重要性，加强资金管理，从而为企业可持续发展创造有利条件。当今企业资金管理中存在以下问题：

第一，企业资金管理内部控制制度不完善。企业缺乏整体的资金防控意识，很多企业在投融资决策方面具有较大的盲目性，造成资金浪费。一些企业没有建立健全的风险防控体系和问责制度，融资面也比较窄，存在"融资难"等问题。

第二，企业资金管理缺乏科学性。一些企业在设计和安排资金管理时，没有注重管理的科学性，导致其资金管理水平较低，在管理过程中存在很多漏洞。

第三，企业资金管理缺乏规划性。一些企业的管理层没有认识到资金管理的重要性，没有按照以销定产、以产订购的顺序安排和实施资金使用规划，导致其资金出现不足或者闲置的情况，资金使用效率下降。

第四，企业资金管理缺乏创新性。企业的资金管理要想取得较好的效果，就应该对资金管理方式进行创新。目前的一些企业在资金管理方式创新方面较为薄弱，导致其资金管理的效能化水平低，无法提高资金利用率。

第五，企业资金管理监控体系不完善。企业对于资金的有效管控需要依托完善的监控体系来实现，要将监控工作深入企业日常业务的资金管理中，以此来降低资金管理不善带来的风险。[①]

（二）企业人力资源管理中存在的问题

企业人力资源管理中存在的问题集中体现在以下几个方面：

第一，企业没有清楚地认识到人力资源管理的重要性。很多企业受自身局限性的影响，在实际发展过程中往往更为注重将有限的资源投入产品的开发、生产以及销售等各个方面，所追求的是利润以及有形资产的增加，忽略了人力资源管理的重要价值和作用。

第二，企业实施人力资源管理有困难。一些企业的发展规模较小，财力有限，采用家族式管理模式，导致企业在进行人才选用时存在一定的弊端，进而导致企业人力资源管理策略难以推行和实施。

第三，企业未能建立健全的培训机制。一些企业在员工的培训工作方面给予的投资力度不足，同时培训工作缺乏连贯性以及系统性，导致企业员工的各项能力以及素质提升缓慢，对企业自身的生产经营效率产生不利影响。

第四，企业缺乏有效的绩效考核和激励体系。一些企业不注重薪酬分配的公平性，缺乏完善的薪酬体系，存在不合理分配的现象；同时绩效考核占比不合理，主要是考核出勤和纪律等，不利于提高员工的工作积极性。

第五，企业人力资源管理组织架构的系统性不足。一些企业在人力资源规划方面重视不足，难以有效协调其人力资源管理体系。企业的人力资源部门通常只关注自身工作，缺乏全盘战略眼光，事务性工作居多。企业内部人力资源管理的组织架构缺乏系统性。

（三）企业存货管理中存在的问题

在企业中，存货是非常重要的资产，存货管理不但直接影响到企业的经营

---

① 林夏菁. 内部审计管理模式影响因素研究 [D]. 南京：南京审计学院，2015.

收益，还会影响到企业资金的流动性和企业整体的经营运作，是企业管理中非常重要的环节。因此，怎样提高存货的管理效率，值得当前广大企业管理者进行深入思考。企业存货管理中存在的问题集中体现在以下几个方面：

第一，企业存货管理理念落后。一些企业管理者对于存货管理重视不够，存货管理模式停留在传统的账表管理上，无法对存货状态进行全程化、动态化的监管，使企业生产环节及仓储、销售等环节出现衔接不畅的现象，影响存货管理效率。

第二，企业存货管理流程繁杂。在存货管理中，盘点是重要的流程之一，也是做好存货管理的关键环节。科学、准确、有序的盘点，可避免出现账实不符的问题。一些企业在存货盘点上，程序相对烦琐，耗时耗力，增加了账实不符情况发生的概率，增加了存货管理成本。

第三，企业存货管理配套机制缺失。存货管理的配套机制不到位具体表现在以下几个方面：一是存货的采购管理制度不完善，制度执行不到位。二是存货收发管理的内部控制失效，职务不能有效分离，造成有人徇私舞弊，侵吞企业资产。三是存货的盘点管理制度不够合理，加大漏盘、错盘、重复盘点的风险。四是存货内部控制考核制度不够健全。

第四，企业存货管理信息化手段落后。一些企业的管理架构本身不够完善，有企业甚至处于零信息化的存货管理状态，主要以手工方式记录存货的明细账，利用计算机简单统计数据，这样需要相对较多的人力成本和时间成本，并且存货数据更新不及时，进而影响其他财务数据的更新。

（四）企业税务管理中存在的问题

在企业经营管理中，税务管理是一项十分重要的工作。企业通过有效的税务管理可以减少不必要的支出，达到控制成本的目的，有利于增加企业利润。企业应不断改进税务管理工作，明确税务管理工作中的缺陷和不足，进而采取有针对性的措施。企业税务管理中存在的问题主要有以下几个方面：

第一，企业对税务管理的重视程度不足。部分企业将管理重点放在资金管理上，没有对产品所蕴含的价值进行深入研究，在税务管理上存在不足，并且未给予相应重视，在会计核算环节也缺乏重视，导致资金整体利用率下降，管理水平不高。

第二，企业税务管理的基础工作。在企业实际运营的过程中，税务管理的基础工作有所欠缺。一方面，监督审查机制不完善，且责任不明确，出现问题时无法第一时间进行追查，导致税务管理工作落实难度较大。另一方面，企业管理人员缺乏法律意识，在管理过程中通过偷税、漏税的方式控制成本。虽然取得了一定的效果，却违反了国家的法律法规，需要被追究相应的法律责任，威胁到企业的生存与发展。

第三，企业缺乏税务管理人才。就目前情况来看，我国企业税务管理工作还处在发展阶段，相关的经验、技术和知识都不够丰富，专业人才也比较匮乏。同时，企业缺少有效的人才培养机制，对此类人才的培养和选聘也不够重视，缺少专业的税务管理人才，造成工作效率和质量难以提升。很多企业没有安排专门的税务负责人，管理上缺少对于细节的把控。高校对企业税务管理人才的专门培养也较少，这个领域仍旧处在人才匮乏的状态中。

第四，企业工作人员与税务部门沟通交流不足。一些企业负责税务工作的相关人员对于国家的税收政策缺乏深入的理解与分析，凭工作经验判断税务类型，容易出现偏差，影响了税收优惠政策作用的发挥，还可能造成税务风险。

二、企业管理中存在问题的解决路径

（一）企业资金管理中存在问题的解决路径

第一，健全企业资金管理内部控制制度。企业管理者首先应当提高自身对于资金管理的重视程度，并且基于内部控制框架健全资金内部控制制度，从制度文化建设入手，建立责任制，层层落实关于资金管控的制度。

第二，实现企业资金管理科学化。企业要实现资金管理科学化，就需要建立完善的资金组织机构，组建专门的资金管理部门，并根据自身的实际情况设置岗位，聘请专业化的资金管理人员使资金管理工作规范化。

第三，实现企业资金管理规范化。企业一般按月或者周进行现金预算，在一般情况下，现金是结余还是短缺需要依靠现金收入、支出情况来判断，企业根据情况决定是选择短期投资还是临时性投资，一旦出现资金短缺的情况，要及时调度资金，处理现金收支不平衡的问题。

第四，强化企业资金管理创新性。资金管理理念的创新主要是将降本增效作为管理的目标和方向，同时增强资金管理的可持续性。资金管理思路的创新是指基于风险的防范和控制层面，实现全面性、全程性的资金风险管理。资金管理模式的创新主要是指将信息技术、网络技术和智能技术投入资金管理的应用中，促进企业的可持续健康发展。

第五，构建健全的企业资金管理监控体系。在日常监管方面，企业要增强对资金的日常监控，构建风险预警系统，尽可能地降低出现坏账的风险。

（二）企业人力资源管理中存在问题的解决路径

第一，企业管理者应清楚认识到人力资源管理的重要性。企业管理者应认识到人力资源管理不仅是简单的人员调配，同时也是企业针对人力资源所开展的各项开发活动、配置活动、组织活动、监督活动，以及保护与调节活动等。

第二，企业应构建较为完善的用人机制。企业应保证人才选拔的合理性以及科学性，摒弃以往家族式的管理模式，构建一个公平合理的人才选拔机制，使内部员工实现公平竞争，进而选拔出更多优秀人才。

第三，企业应建立健全的培训制度。企业一方面需加大人力资源培训力度，在科学的人力资本理念下，为培训开发工作提供足够的资金支持；另一方面需建立分层次、分专业的培训体系，不断创新培训方法，实现按需培训，依托项目经理和重点工程项目建设，开展有针对性的培训工作。

第四，企业需建立起完善的绩效考核体系。企业需抓住关键性的考核指标，在这些绩效指标的指导下实施管理，并对考核结果进行合理运用，明确考核奖惩体系，依据既定标准落实奖惩方式，确保绩效考核的作用得到充分发挥。

第五，企业应建立战略性人力资源管理体系。企业可构建跨层次和跨部门的人力资源管理组织架构，形成完善的人力资源管理体系，由各部门经理承担各自的人力资源管理责任。

（三）企业存货管理中存在问题的解决路径

第一，企业要转变存货管理理念。企业对存货管理工作要给予高度重视，结合企业实际，建设与企业生产情况相符合的存货管理模式。企业管理者要转变观念，立足企业经营需要，通盘考虑和设计存货管理体系，如规划存货管理流程，完善存货管理制度，将企业生产各部门纳入存货管理职责分工体系中，让存货管理制度具有良好的可操作性、可执行性。

第二，企业应制定科学的盘点制度。在整个存货管理体系中，盘点工作不容忽视。由于企业存货多、散、全，不同物资的存放、管理与使用也不尽相同。对于存货盘点工作，企业要结合存货物资及企业生产所需，采取合理的、恰当的盘点方式。

第三，企业需构建健全的存货管理配套机制。在存货管理工作中，企业需要引入内部控制体系，从技术、人员、制度、环境等方面，优化存货业务流程，衔接不同部门、不同岗位，落实岗位责任，妥善处理各项存货管理中的问题。例如，依托岗位展开业务培训，增强人员的存货管理意识，确保各项工作按规程执行；明确责任，对存货管理的重点环节实施全面监控，提升存货管理效率。

第四，推进企业信息化建设进程。一是企业要加强对信息技术的应用。特别是在企业规模不断扩大的前提下，企业的存货管理工作更加复杂，企业应当以信息技术为基础开展存货管理工作，不断提高企业的存货管理质量和效率。二是融合人工智能技术，加强供应链的管理。以人工智能技术优化整个供应链，使企业实现从原材料采购，到产品生产和销售，再到财务核算的系统管理，将企业生产经营的整个供应链有机融合到一起，打造高效运行的信息系统，提升存货管理的效率。

（四）企业税务管理中存在问题的解决路径

第一，企业要重视税务管理，建立风险机制。企业在新形势下要对税务管理工作给予充分的重视，建立独立机构来进行专业化管理，使企业在风险机制的护航下稳步前行。企业可借助税务自查来最大限度地规避风险，对涉税风险体制进行完善。

第二，企业税务管理人员要强化法律意识。企业的税务管理人员应该具有较强的法律意识，在落实税务管理工作的过程中要严格遵守法律法规，既要尽到公民应尽的责任，还要承担相应的会计岗位义务，采用合法的手段来避税，全面杜绝偷税、漏税等违法行为。如果发现违法行为，一定要依法处理。

第三，企业要加强税务管理人才的培养。企业应做好选聘、培训等工作。

在选聘方面，要严格筛选税务管理人员，做好考核审查工作，确保税务管理人员具有专业的知识和良好的职业素养。在培训方面，应积极学习先进的技术经验，定期开展培训教育活动，组织企业中优秀的管理人员参加培训活动，进一步提升其能力和水平。企业还应积极组建专业的税务管理团队，以有效控制涉税管理风险。

  第四，企业需加强与税务部门的沟通交流。为了有效地运用国家的税收优惠政策，实现企业利益最大化，企业的税务管理人员要及时、深入地了解和掌握最新的税收优惠政策，时刻关注国家税收优惠政策的变化，实现更加科学、合理地运用税收优惠政策，降低因政策运用不当而造成的税务风险。企业的税务管理人员要强化与税务部门之间的沟通和交流，深入解读税收政策，提高税收优惠政策的运用效果，并结合企业的实际运营和管理的情况，科学地进行税务规划，促使企业更好地实现自身的经营管理目标。

第二章　企业战略管理

第一节　企业战略管理概述

一、企业战略

目前在各种文献中对企业战略并没有统一的定义。有人认为企业战略应包括企业的目的与目标（即广义的企业战略），战略就是目标、意图和目的，以及为达到这些目的而制订的主要方针和计划；有人则认为企业战略不应该包括这一内容（即狭义的企业战略），企业战略就是决定企业将从事什么事业，以及是否从事这一事业。大多数学者认为，企业战略的四个构成要素是：①经营范围，指企业从事生产经营活动的领域，它可以反映出企业目前与其外部环境相互作用的程度，也可以反映出企业计划与外部环境发生作用的要求；②资源配置，指企业过去和目前资源和技能配置的水平和模式，资源配置会极大地影响企业实现自己目标的程度，是企业现实生产经营活动的支撑点；③竞争优势，指企业通过其资源配置的模式与经营范围的决策，在市场上形成的与其竞争对手不同的竞争地位；④协同作用，指企业从资源配置和经营范围的决策中所能获得的各种共同努力的效果，就是说分力之和大于各分力简单相加的结果。

综合上述观点，企业战略实质上是一个企业在清醒地认识和把握企业外部环境和内部资源的基础上，为求得企业生存和长期发展而做出的一系列根本的、全局性的、长远性的、具有指导性的谋划。一个完整的企业战略可以分为三个层次：企业总体战略、经营单位战略和职能战略。

企业总体战略：决定和揭示企业的愿景、使命和目标，确定企业重大方针与计划，企业经营业务类型和企业组织类型，企业应对用户、职工和社会的贡献。企业总体战略还应包括发展战略、稳定战略和紧缩战略。[①]

经营单位战略：在总体战略的指导下，主要解决企业如何选择经营行业和如何选择在一个行业中的竞争地位问题。这一战略主要涉及企业在某一经营领域中如何竞争、在竞争中扮演什么角色、各经营单位如何有效地利用资源等问题。

职能战略：为实现总体战略和经营单位战略，对企业内部的各项关键的职能活动做出的具体化统筹安排。职能战略包括财务战略、营销战略、人力资源战略、组织结构战略、研究开发战略、生产战略等。

在此基础上可以进一步总结出企业战略管理的定义，即广义的企业战略管理就是运用战略对整个企业进行管理；而狭义的企业战略管理是指对企业战略的制定、实施、控制和修正进行的一个动态管理过程。目前，研究战略管理的主流学者大多持狭义定义，故本章也采用狭义战略管理的定义。

二、企业战略管理的作用

管理实践证明，正是由于企业战略管理的作用使许多重视战略管理的企业在激烈的市场竞争中脱颖而出。这些企业有的在专业领域内长期独领风骚，有的企业则经过长期的、痛苦的市场考验等后获得了市场认可和丰厚回报，国内外许多企业的成功证明了这一点。

研究证明，使用了战略管理方法的企业比没有使用战略管理方法的企业获得的利益更多（包括经济利益和非经济利益），也更容易取得成功。例如，有

[①] 叶沁. 基于企业战略管理的重要作用研究[J]. 中国集体经济，2022（29）：59-61.

学者根据对美国101个零售、服务和机械行业制造企业在连续3年跟踪研究得出结论,业务管理上使用了战略管理的企业,在产品的销售、利润和生产效益方面比没有系统规划活动的企业有重大的改善。而低效运作的企业由于未能有效地采用战略管理的手段,没有准确分析企业的内外部优劣势,对外界变化没有予以足够重视(如科技方法的改变,国外竞争对手的出现),导致企业运作薄弱,难以控制各种事件。这些事实和研究成果不仅表明了企业战略的指导作用,也证实了企业战略管理增强了企业经营活动对外部环境的适应性、有利于充分利用企业的各种资源,同时也调动了企业各级管理人员的积极性。

战略管理决定了企业的发展,但战略管理要发挥作用的基础是企业的各级领导者(尤其是高级管理人员)具备一定的战略素质,包括道德与社会责任感、随机应变的能力、开拓进取的品格和丰富的想象力。

三、企业愿景与战略目标

(一)企业愿景

成功的企业依靠绝妙复杂的战略规划就能实现其最佳的商业行为,这只是一个神话。有效的战略管理工作开始于管理者对企业应该做什么和不应该做什么在脑海中形成的基本观念以及企业应该去向何方的愿景。所谓愿景,即由企业内部的成员所制订,通过团队讨论并获得一致的共识而形成的愿意共同全力以赴的未来方向。企业愿景大都具有前瞻性的计划或开创性的目标,是企业发展的指引方针。美国学者利普顿(Mark Lipton)在《愿景引领成长》一书中认为一个企业的愿景必须包含三个主题:企业存在的理由、如何达成企业存在的理由和企业的价值观。愿景形成后,企业高层应对内部成员做简明扼要的陈述以激发内部士气,并应将其落实为企业目标和行动方案具体推动实施。通过愿景,企业能有效地鼓舞企业内部的所有人,激发个人潜能,激励员工竭尽所能,增加企业生产力,达到顾客满意的目标。在愿景的指引下,企业最高管理层、企业文化、企业组织结构和员工管理过程共同赋予了愿景真正的生命力,确保了战略方向的连贯性。

愿景说明了一个企业将来的发展目标,对企业实现长期成长与定位意义深远。愿景不会年年改变,相反它是一个历久弥坚的承诺。愿景是一张令人激动的图画,它描绘了企业渴望的形象,以及企业使之成为现实的方法。制定企业愿景时,企业主要依据顾客的需求分析、新的技术发展态势、进入有吸引力的外国市场的机会、业务成长或衰退等重要信号。

愿景驱动思想强调了企业的愿景在企业战略中的重要作用。在20世纪50年代管理大师彼得·德鲁克推行的目标管理中,愿景就已经得到了充分的重视。1994年美国管理学家吉姆·柯林斯（Jim Collins）在《基业长青》一书中介绍了一个研究结论,研究者从财富杂志500强工业企业和服务类公司两种排行榜中挑选了18家企业（公司）进行了追根究底式的研究,得出的结论是:那些能够长期维持竞争优势的企业,都有一个基本的经营理念——愿景,这些基本理念为企业战略确定了某些重要的开端和主要的方向,集中企业决策中的某些关键的意图和思路,愿景在数代首席执行官手中得以延续,从而引导企业战略沿着一条正确的"路线"不断前进。愿景驱动的基本原理是通过高远的目标来极大地激励企业的追求拉动力,使各级管理者沿着充满野心的、似乎是胆大妄为的理想不断前进。

一个完整的企业目标体系不仅有愿景,还包括使命和目标。愿景比较宽泛,使命比较具体,而战略目标将企业使命具体化为可操作的指标。在战略管理论中与"愿景"一词紧密相连的就是企业使命（mission）。使命是一个企业存在的理由,是对企业长期目标和发展宗旨的陈述,是企业在社会进步和社会经济发展中所应当充当的角色;使命不仅包括企业的目标,也包括企业竞争的基础和竞争的优势,为企业目标的确立与战略的制订提供依据。企业使命要表明企业的追求,将本企业与其他企业相区别。文字叙述要足够清楚以便在企业内被广泛理解,内容要窄到足以排除某些风险、宽到足以使企业有创造性的增长。评价企业使命主要从用户、产品、服务市场、技术、企业对生存或增长和盈利的关心、哲学、自我认知、企业对公众形象的关心、企业对员工的关心九个方面着手。

（二）战略目标

战略目标是企业为完成使命,在一定时期内需要达到的特定业绩目标。战略目标必须以定量的术语进行陈述,并且有实现的期限。企业的目标体系使企业的管理者作出承诺：在具体的时间期限，达到具体的业绩目标。战略目标是企业愿景和使命的具体化，企业的战略目标是多元化的，既包括经济目标，又包括非经济目标；既包括定性目标，又包括定量目标。尽管如此，各个企业需要制订目标的领域却是相同的，彼得·德鲁克在《管理实践》一书中提出了八个关键领域的目标。

市场方面的目标：表明本企业希望达到的市场占有率或在竞争中达到的地位。

技术改进和发展方面的目标：对改进和发展新产品，提供新型服务内容的认知及措施。

提高生产力方面的目标：有效的衡量原材料的利用，最大限度地提高产品的数量和质量。

物资和金融资源方面的目标：获得物质和金融资源的渠道及其有效利用。

利润方面的目标：用一个或几个经济目标表明希望达到的利润率。

人力资源方面的目标：人力资源的获得、培训和发展，管理人员的培养及其才能的发挥。

职工积极性发挥方面的目标：对职工进行激励、向员工提供报酬等。

社会责任方面的目标：注意企业对社会产生的影响。

由于企业战略执行时间一般都较长，因此不仅要制订企业的长期战略目标，还要制订相应的短期执行性目标。不仅企业高层要制定企业总体战略，各经营单位或职能部门还须确立相应的经营单位战略和职能战略，于是战略目标制订过程通过企业组织结构层次一直向下继续分解落实下去直到个人。短期目标是长期目标的执行性目标，一般期限在一年以内。

四、企业文化与企业战略

企业文化是 20 世纪 80 年代后兴起的一种管理理论，是一种文化、经济和管理相结合的产物，企业文化虽然不是一项管理职能，但在企业管理中的作用却越来越重要。美国兰德公司、麦肯锡公司的专家通过对全球优秀企业进行研究而得出的结论认为，世界 500 强企业胜出其他企业的根本原因，就是这些企业善于给它们的企业文化注入活力，它们最注重四点：一是团队协作精神；二是以客户为中心；三是平等对待员工；四是激励与创新。

在大多数企业里，实际的企业文化同企业希望形成的企业文化出入很大，但对那些杰出的企业来说，实际情况同理想的企业文化之间的关联却很强，它们对企业的核心准则、企业价值观的遵循始终如一。

所谓企业文化是指企业在长期的生存和发展中形成的为企业多数成员所共同遵循的基本信念、价值标准和行为规范。企业文化一旦形成便很难改变，具有潜移默化的影响和作用，能有效地激励员工实现企业目标。企业文化确定了企业行为的标准和方式，影响并决定了为全体成员所接受的行为规范，渗透于企业各项职能活动中，使企业具有区别于其他企业的一系列特征。当然，企业文化也并不是一成不变的。改变企业文化的难度与企业的规模、复杂性和企业文化的齐均性呈正相关。

现代企业之间最高层次的竞争即文化的竞争，企业文化影响着企业运作的方方面面。企业文化的实质就是企业适应不断变化的环境的能力和让这种能力延续发展的能力，是一种高度信息化与个性化环境下的人性化管理方式，是企业经营理论的人性的反映。设计和培育积极、有效的企业文化必须以企业战略为指导依据。企业文化可能会给某种战略的实施带来一定的影响，但并不能认为企业文化决定了企业战略。

企业文化影响了企业对环境因素和自身资源能力的评价，不同的企业文化可能导致管理者形成不同的关于机会、威胁、优势、劣势的认识。当环境变动需要企业做出的战略反应符合企业现有文化时，企业能接收这些环境变动信息；否则，这种变动信息很可能被暂时忽视。

企业文化影响了企业对战略方案的选择。在内外环境条件大致相同的情况下，不同的企业文化可能导致不同的战略决策。如果一个企业的文化是以稳定性为主的话，那么增长型战略的实施就要克服相应的文化阻力。

企业文化影响了企业战略的实施。如果战略与企业文化相符，企业文化可有力地促进战略的实施，又通过战略实施得到强化和发展；如果战略与企业文化相悖，则面临战略实施失败的风险。冲突越大，风险越大。风险过大，会逼迫企业在修改战略和改变文化两者中进行抉择。企业战略与企业文化的方向应该是一致的，当企业战略进行调整的时候，企业文化也要跟着调整。在企业战略转变的重要关头，企业往往采取重大的人事变动推动战略的实施，进行企业文化的变革。

第二节　企业战略选择

战略按其影响的范围及内容可分为企业战略和经营战略。企业战略所要解决的问题是确定经营范围及进行资源配置，它由企业的最高管理层确定，并且有较长的时效；经营战略集中于在某一给定的经营业务内，解决的是如何竞争的问题，它的影响范围比较窄，且适用于单一经营单位或战略经营单位。本节简要介绍企业战略的各种选择方案，及如何对其选择的战略做出评价。

一、企业战略

从企业战略所确定企业的经营范围（即确定企业是在一个领域还是在多个领域中经营）出发，可以把企业战略分成两类：多元化战略与专业化战略。

（一）多元化战略

多元化战略就是指企业在两个或两个以上的行业中进行经营。企业出于分散经营风险，逃避业务萎缩，提高资源配置效率等方面考虑会采取多元化经营的战略。根据多元化业务之间的相互关联程度，可以把多元化战略细分为复合多元化战略、同心多元化战略、垂直多元化战略和水平多元化战略等。

（二）专业化战略

专业化战略是指企业仅在一个行业集中生产单一产品或服务的战略。由于专业化生产，企业可以在单一产品上集中生产能力和资源要素，从而达到规模经济的效果。实行专业化战略的企业还可以为目标客户提供更多品种和规格的产品。此外，由于实行专业化战略的企业可以更好地研究目标顾客的消费偏好及消费趋势的变化，并且对这种变化能更快地采取适应性行动，因此，这些企业可以以更快的速度生产出符合顾客不断变化的需求的产品。

专业化战略有利于企业集中优势资源，但也面临着专业市场变化、市场需求萎缩的市场风险。

二、经营战略

经营战略也称为一般竞争战略，美国哈弗大学教授波特在《竞争战略》一书中指出，企业为了获取相对竞争优势，可以选择三种不同类型的一般竞争战略，即成本领先战略、差异化战略和集中化战略。

（一）成本领先战略

成本领先战略的核心是使企业的产品成本比竞争对手的产品成本低，也就是在追求产量规模经济效益的基础上降低成本，使企业在行业内保持成本的领先优势。采用成本领先战略的企业，尽管面对强大的竞争对手，但仍能在本行业中获得高于平均水平的收益。实行成本领先战略可以在本行业中筑起较高的进入壁垒，并使企业进入一种成本—规模的良性循环。

企业之所以要采取成本领先战略，主要是因为它将给企业带来以下好处：①即便行业内存在很多竞争对手，成本低的企业仍可获得高于行业平均水平的利润。②能有效地防御来自竞争对手的竞争。因为较低的成本意味着当其他的竞争对手由于对抗而把自己的利润消耗殆尽以后，成本低的企业仍能获得适当的收益。③企业的低成本战略能对抗强有力的买方。这类买方的讨价还价的前提是行业内仍有其他的企业向其提供产品或服务，一旦价格下降到最有竞争力的对手的水平，买方也就失去了与企业讨价还价的能力。④无论是在规模经济方面还是在其他成本优势方面，那些导致成本领先的因素也成了潜在进入者的进入障碍。⑤成本低的企业可以有效地对付来自替代品的竞争。正因为成本领先战略具有上述明显的优势，所以企业很愿意采用成本领先战略。价格战略就代表了这样一种倾向。事实上，对于某些行业，如日用品，成本优势是获得竞争优势的重要基础。

虽然成本领先可以给企业带来竞争优势，但采用这种战略也面临一定的风险。首先，技术的迅速变化可能使过去用于扩大生产规模的投资或大型设备失效；其次，由于实施成本领先战略，高层管理人员可能将注意力过多地集中在成本控制上，以致忽略了消费者需求的变化；最后，为降低成本而采用的大规模生产技术和设备过于标准化，因此可能会使产品生产缺乏足够的柔性和适应能力。

企业可以通过以下方式实施成本领先战略：①控制成本，即企业对已有的成本支出进行控制。控制成本的重点应放在产品成本比重较大的项目上，或与标准成本（计划成本）偏差（超支）较大的项目上。②采用先进设备。企业采用先进的专用设备，可以大幅度提高劳动生产率，但是要求企业具备足够资金以及市场的支持，只有企业生产和销售的产品批量足够大，形成规模效益，才能最终降低产品的单位成本。

（二）差异化战略

差异化战略是指企业向顾客提供在行业范围内独具特色的产品或服务。由于独具特色，因此可以带来额外的加价。差异化战略是企业广泛采用的一种战略。差异化战略并不是简单地追求形式上的特点与差异，企业必须了解顾客的需要和选择偏好，并以此作为实施差异化战略的基础。为了保证差异化战略的有效性，企业实施时必须注意两个方面：①企业必须了解自己拥有的资源和能力及能否创造出独特的产品；②从需求的角度看，企业必须深入了解顾客的需要和选择偏好，企业所能提供的独特性与顾客需要相吻合是取得差异化优势的基础和前提。采用差异化竞争战略生产经营差异产品的企业，需要投入特殊的而不是通用的生产工艺、技术和机械设备，所以要支付比实施低成本竞争战略更高的生产、销售标准产品（批量产品）成本。

企业之所以要采用差异化战略，主要是因为差异化战略能带来以下好处：①产品差异化可以使顾客产生品牌忠诚，降低对价格的敏感性，从而削弱顾客的讨价还价能力。由于顾客缺乏可比较的选择对象，因此不仅对价格的敏感性较低，而且更容易形成品牌忠诚。②差异化本身可以给企业的产品带来较高的溢价。这种溢价不仅足以补偿因实施差异化战略所增加的成本，而且可以给企业带来较高的利润,从而使企业不必去追求成本领先地位。产品的差异化程度越高,顾客越愿意为这种差异支付较高的费用,企业获得的差异化优势也就越大。③采用差异化战略的企业在应对替代品竞争时比竞争对手处于更有利的地位。这是由于顾客更注重品牌与产品形象,一般情况下不愿意接受替代品。

差异化战略往往给企业带来相应的竞争优势,然而,在某些条件下,追求差异化的企业也会遇到一定的风险。第一,顾客选择差异化产品和服务,不仅取决于产品和服务的差异化程度,也取决于顾客的相对购买力水平。当经济环境恶化,人们的购买力水平下降时,顾客会把注意力从产品和服务的差异化特色转移到一些实用价值和功能上来。第二,竞争对手的模仿可能会降低产品的差异化程度。从这一点来讲,企业能否通过差异化取得竞争优势,在一定程度上取决于其技术和产品是否易于被模仿。企业的技术水平越高,形成产品差异化时需要的资源和能力就越具有综合性,竞争对手模仿的可能性就越小。

对企业来说,产品的差异化主要体现在产品实体的功能、售后服务,以及通过广告等市场营销手段、以商标等的差异作为产品差异市场管理方面。一般来说,企业应首先考虑在产品实体的功能和售后服务上形成差异,而市场管理则是形成产品差异的最后的且有一定风险的手段。

(三)集中化战略

集中化战略是指企业的经营活动集中于某一特定的购买者集团、产品线的某一部分地域上的市场。同差异化战略一样,集中化战略也可呈现多种形式。集中化战略的目的是很好地服务于某一特定的目标,它的关键在于能够比竞争对手提供更为有效或效率更高的服务。因此,企业既可以通过差异化战略来满足某一特定目标的需要,又可以通过低成本战略服务于这个目标。集中化战略不寻求在整个行业范围内取得低成本或实现差异化,它是在较窄的市场目标范围内取得低成本或实现差异化的。

同其他战略一样,集中化战略也能在本行业中获得高于一般水平的收益,主要表现在:①集中化战略便于集中使用整个企业的力量和资源,更好地服务于某一特定的目标;②将目标集中于特定的部分市场,企业可以更好地调查研究与产品有关的技术、市场、顾客以及竞争对手等各方面的情况,做到"知彼";③战略目标集中明确,经济成果易于评价,战略管理过程也容易控制,从而带来管理上的便捷。根据中小型企业在规模、资源等方面所固有的一些特点，以及集中化战略的特性，集中化战略对中小型企业是最适宜的战略。

采用集中化战略也有相当大的风险，主要表现在：①由于企业的全部力量和资源都投入一种产品或服务或一个特定的市场，因此当顾客偏好发生变化、技术出现创新或有新的替代品出现时，这部分市场对产品或服务的需求下降，企业就会受到很大的冲击；②竞争者打入了企业选定的部分市场，并且采取了优于企业的更集中化的战略；③产品销量可能变少，产品要求不断更新，造成生产费用的增加，使采取集中化战略的企业的成本优势减弱。

三、一般竞争战略的选择

（一）选择竞争战略

企业一般竞争战略的确定是企业战略管理的重要内容之一。有的学者认为波特提出的三种竞争战略实际是两种战略，即低成本竞争战略和差异化竞争战略，集中化竞争战略是在狭窄市场范围（市场的某一部分或其中的某一子市场）内对前两种竞争战略的具体运用。大量研究结果表明，许多成功的企业有一个共同的特点：就是在确定企业竞争战略时，根据企业内外环境条件在差异化战略和低成本竞争战略中选择一个，并采取相应措施，最终取得成功。一般企业为了在竞争中取胜，并不是同时追求两个目标，而是选定一种战略，重点突破，以取得竞争中的绝对优势。

选择哪一种竞争战略，决定着企业的管理方式、产品的研究开发、企业的经营结构以及企业的市场理念。采用低成本竞争战略的企业应该在所有的生产环节上实现彻底的合理化，除成本控制外，最重要的就是讲求产品的合适批量，以充分利用大机器生产标准的产品，实现规模效益。采用差异化竞争战略的企业必须有特别的工艺设备与技术，同时为了使顾客了解企业的这种"差异"；或者让本来是标准品的产品在消费者心中建立起"差异"的形象，企业还要在销售方面组织广告宣传和产品推销活动等。这一切决定了产品差异化竞争战略必然与低成本竞争战略发生矛盾与冲突，同时实施这两种竞争战略的企业往往在市场竞争中失败。

但是，同一企业针对不同产品、不同阶段可以采取不同的竞争战略，因此以下三种情况也是常见的。①同一企业可以针对不同种类的产品采取不同的竞争战略。例如，汽车生产厂家可以对轿车和卡车分别采取差异化竞争战略和低成本竞争战略。②同一企业可以在生产与销售这两个环节采取不同的竞争战略。例如，可以在生产上采取低成本竞争战略，在销售和售后服务上采取差异化竞争战略。③同一企业在不同时期可以有不同的竞争战略。例如，当产品处于投入期与成长期时，可以采用低成本竞争战略；而当处于成熟期时，则采用差异化竞争战略。

（二）选择企业基本战略时应考虑的问题

1. 外部环境

在社会经济高速发展时期，由于企业之间激烈的竞争以及居民收入随生产力的发展而迅速提高，低成本竞争战略就会在很大程度上失去意义。反之，如果企业处于较落后的经济状态下，则应该高度重视低成本竞争战略以刺激需求。在欧美等发达国家，大众化的产品都强调产品差异化战略，而低成本竞争战略的模式则逐渐被企业抛弃；在发展中国家一般多采用低成本战略。

2. 自身实力

对于规模较小的企业，由于其生产与营销能力都比较薄弱，因此应该选择专一化竞争战略，以便集中企业优势力量瞄准某一特定产品打"歼灭战"。如果企业生产能力较强而营销能力较差，可考虑运用低成本竞争战略；如果企业营销能力强而生产能力相对较弱，可考虑运用差异化竞争战略，以充分发挥企业销售能力；如果企业生产与营销能力都很强，可以考虑在生产上采取低成本竞争战略，在销售上采取差异化战略。

3. 产品种类

对于不同种类的产品，客户对其价格、质量、服务等要素具有不同的敏感度。对于生产资料来说，在保证基本质量的前提下，价格将成为企业竞争中最重要的因素，因此企业应尽量降低成本。绝大多数消费者是依据广告宣传、店员介绍、产品包装及说明、合适的价格来确定是否购买商品或服务的，所以对于消费品的生产企业来说，应尽量使本企业的产品在服务和市场营销管理方面实施差异化竞争战略。例如，日常消费品与耐用消费品是对消费品的进一步划分。日常消费品是人们几乎每天都消费的、反复少量购买的产品，这种产品竞争的关键是价格，因此，企业应在保证质量的前提下以优惠价格出售产品。耐用消费品是一次购买，经久耐用的产品，若干年才买一次。产品的质量与售后服务对顾客来讲非常重要，这就要求企业在这两个方面下功夫，推出质量和服务更好的差异化产品。

4. 产品周期

在产品的投入期，为了抢占市场，防止竞争者进入，企业常常采用低成本竞争战略，以刺激需求，使企业处于成本、市场占有率、收益和设备投资四者的良性循环中。到了产品的成熟期与衰退期，消费需求呈明显多样性与复杂性，这时企业就应该采取差异化竞争战略或专一化战略。

当然，现实中也存在与上述相反的现象。例如，一些高档消费品在投入期与成长期，由于购买者较少，需要以较高的价格作为自己身份、地位的象征，差异化战略是明智的选择；而到了成熟期，由于原购买者已失去了把这些产品作为自己地位象征的兴趣，而新加入的消费者又主要着眼于产品的一般消费功能，因此，这时企业应从差异化战略转为低成本竞争战略，这种现象被称为高档品的日用品化。

第三节　企业战略实施

企业一旦选择了合适的战略，战略管理活动的重点就从战略选择转移到了战略实施阶段。战略实施就是将战略方案付诸实践并取得结果的过程，它是战略管理过程的行动阶段。一般说来，战略实施包含四个相互联系的阶段：战略发动、战略计划、战略运作和战略控制。

一、战略发动

为调动起企业大多数员工实施新战略的积极性和主动性,要对管理人员和员工进行培训,灌输新的思想、新的观念,使其逐步接受新的战略。

二、战略计划

将企业战略分解为几个战略实施阶段,每个战略实施阶段都有其目标、政策措施、部门策略以及指导方针等。企业要对各分阶段目标进行统筹规划,全面安排。

(一)分解战略目标

战略目标的分解是战略实施计划系统的核心内容。战略实施就是将战略目标从时空上进行分解、细化,就是根据战略阶段的要求将各阶段,特别是现阶段的目标具体化(可执行化和数量化),即把战略目标由远及近,由粗到细逐步分解,落实到每一个较小的时空上。

战略目标的时间分解,必须注意目标实现的阶段性和连续性,处理好目标实现的节奏性和时限性。而战略目标的空间分解,就是根据战略将各个层次、各个部门目标的具体化,即把战略目标由高到低、由事及人逐步分解,落实到每一具体的战术上。

总之,战略目标的时空分解,必须注意战略目标和战术手段的结合,处理好目标实现的层次与范围的一致性。在此基础上,企业还需要编制战略计划和战略任务书,以便更好地重组资源,调整组织结构,推动战略实施。

(二)落实战略方案

战略方案的落实是设定战略计划系统的根本问题,具体包括人员落实、任务落实和方法落实。

人员落实主要解决由谁来执行战略计划的问题,主要包括首席执行官的落实、各级经理人员的落实和具体战略执行者的落实。企业战略方案一经确定,各级战略计划的执行者就是战略实施效果的决定因素。[1]

任务落实所要解决的问题是在战略计划执行过程中该做什么,主要包括五个方面:①围绕战略目标有重点地优化配置资源;②调整企业结构以有效地执行战略;③动员整个企业投入执行战略计划;④设置战略管理支持系统;⑤发挥战略领导作用。

方法落实就是怎样完成战略计划任务。战略计划是战略管理的重要环节,涉及企业管理的所有职能部门,各部门如何执行战略计划事关重大。事实上,在战略计划系统中,一项战略计划的执行需要得到各部门行动计划的支持。同时,企业的资源分配必须重点支持这种战略目标的实现。最后,企业必须建立一个战略实施控制系统或早期预警系统,以保证战略计划的正确执行。

三、战略运作

企业战略的实施运作主要与领导者素质、组织结构、企业文化和资源规划四个因素有关。

(一)领导者素质

战略管理是企业中管理人员,尤其是高层领导者的重要职责。从战略的制定到实施,均离不开企业的领导者。战略管理需要机智果断、勇于创新、知识广博、经验丰富和具有独特管理魅力的人来担任企业领导者。战略管理要求企业领导者不能等同于一般管理人员,要能从企业日常经营管理工作中解脱出来,有精力和条件运用自己的知识、经验、技能为企业制定创新战略,并能积极有效地去推行战略。战略管理还要求企业领导者真正统领全局,领导和激励全体员工为实现企业战略而努力。

具体说来,战略管理要求领导者具备以下素质:①良好的道德与社会责任感;②前瞻性的思维;③随机应变的能力;④开拓进取的品格;⑤丰富的想象力;⑥居安思危的意识。

---

[1] 张肖宇.信息技术在互联网企业战略实施中的作用[J].企业改革与管理,2019(07):64+72.

（二）组织结构

企业要有效地实施战略，必须建立适合所选择战略的组织结构，不合适的组织结构将妨碍战略的实施，使战略达不到预期的效果。因此，组织结构与战略实施具有密不可分的联系，它是决定战略实施成功的关键因素之一。

美国企业史学家钱德勒最早对组织结构与战略之间的关系进行了研究。他研究了70家企业的发展历史，尤其是美国的杜邦公司、通用汽车公司、西尔斯罗巴克公司和标准石油公司这四大公司的发展历史。他发现：在早期，像杜邦这样的公司倾向于建立集中化的组织结构，这种结构非常适合其生产和销售有限的产品。随着这些企业增添新的产品线，收购上游生产投入行业，建立自己的分销系统等，高度集中化的组织结构不再适合企业的发展。为了保持企业的有效性，这些企业需要将组织结构转变为几个具有半自治性质事业部的分权式组织结构。

因此，钱德勒得出了这样的结论：组织结构服从于战略，企业战略的改变会导致组织结构的改变，最复杂的组织结构是若干个基本战略组合的产物。

（三）企业文化

战略实施除了利益的驱动外，还需要企业文化的支持。企业文化是指一个企业的全体成员共同拥有的信念、期望值和价值观体系，它确定企业行为的标准和方式，规范企业成员的行为。

企业战略制定后，需要全体成员积极有效地贯彻实施。长期以来形成的企业文化具有导向、约束、凝聚、激励、辐射等作用，是激发员工工作热情和积极性、统一员工意志和目标、使员工为实现战略目标而协同努力的重要手段。

与战略实施所需的价值观、习惯和行为准则一致的企业文化有助于激发人们以一种支持战略的方式进行工作。但是，企业文化的形成过程是漫长的，文化的变革也是非常困难的。因此，建立一种支持战略的企业文化，是战略实施中最为重要的也是最为困难的工作。

（四）资源规划

资源规划是战略实施的一个重要方面，在企业内部可以分为企业层和经营层两个层次的资源规划。

企业层的资源规划主要是在企业的不同组成部分之间进行资源分配，这些组成部分可能是企业的职能，也可能是业务分部或地区性分部。其重点是决定应该怎样在企业的不同组成部分之间分配资源，以支持企业的整体战略。

在实施战略时，经营层的资源规划需要重点解决两个问题：①规划中一定要弄清楚哪些价值活动对战略的成功实施最为重要，并且在规划时要给予特别的注意；②规划一定要解决整个价值链的资源需求问题，包括价值链之间的联系以及供应商、销售渠道或顾客的价值链。

四、战略控制

战略是在变化的环境中实施的，企业只有加强对战略执行过程的控制，才能适应环境的变化，完成战略任务。战略控制阶段分为三个部分：确定评价标准、评价工作成绩和采取纠偏措施。

（一）确定评价标准

评价标准是企业工作成绩的规范，用来确定战略措施或计划是否达到战略目标。一般来说，企业的战略目标是整个企业的评价标准。此外，在较低的组织层次上，个人制订的目标或生产作业计划都应是评价标准。评价标准同战略目标一样，也应当是可定量的、易于衡量的。评价标准体系的选择主要取决于企业所确定的战略目标。

（二）评价工作成绩

评价工作成绩是指将实际成绩与确立的评价标准相比较，找出实际活动成绩与评价标准的差距及其产生的原因。这是发现战略实施过程中是否存在问题或存在什么问题以及为什么存在这些问题的重要阶段。

在评价工作成绩时，企业不仅应将实际绩效与评价标准或目标相比较，而且也应当将自己的实际成绩与竞争对手的成绩相对照。通过这样的比较更能发现自身的优势或弱点，以便采取适当的纠正措施。

评价工作成绩中的主要问题是要决定将在何时、何地以及间隔多长时间进行一次评价。为了提供充分而及时的信息，工作成绩应当经常地进行评价。要根据所评价问题的性质及其对战略实施的重要程度，确定合理的评价频率。

（三）采取纠偏措施

对通过评价工作成绩发现的问题，必须针对其产生的原因采取纠偏措施，这是战略控制阶段的目的所在。如果制定了评价标准，并对工作成绩进行了评价，但并未采取恰当的行动，则最初的两步将收效甚微。

第三章　企业生产管理

第一节　企业生产管理概述

一、企业生产管理的概念

企业生产管理就是对企业生产活动的计划、组织、控制，它有广义和狭义之分。广义的企业生产管理是指对企业生产活动的全过程进行综合性的、系统性的管理，也就是以企业生产系统作为对象的管理。所以，其内容十分广泛，包括生产过程的组织、劳动组织与劳动定额管理、生产技术准备工作、生产计划和生产作业计划的编制、生产控制、物资管理、设备和工具管理、能源管理、质量管理、安全生产、环境保护等。狭义的企业生产管理则是指以企业产品的生产过程为对象的管理，即对企业的生产技术准备、原材料投入、工艺加工直至产品完工的具体活动过程的管理。产品的生产过程是生产系统的一部分，因此狭义的企业生产管理是广义的企业生产管理的一部分，主要包括企业生产过程组织、生产技术准备、生产计划与生产作业计划编制、生产作业控制等。

二、企业生产管理在企业管理中的作用

（一）企业生产管理是企业管理的基础和保证

工业生产活动是工业企业的基本活动，而工业企业经营的主要内容是商品生产。因此，生产什么样的产品、生产多少产品来满足用户和市场的需要，就成为工业企业经营的重要目标。生产管理就是将处于理想状态的经营目标，通过产品的制造过程转化为商品。所以，生产管理是企业经营管理的物质基础，是实现经营目标的重要保证。

（二）提高生产管理水平有利于增强企业产品的竞争力

要应对多变的市场需求，企业不仅要做到产品新、品种多、质量高，还要保证价格便宜、交货迅速及时，只有这样，才能实现企业的经营目标。要做到这些就必须加强企业生产管理，建立稳定的生产秩序，强化生产管理系统的应变能力。

（三）加强企业生产管理有利于企业管理层做好经营决策

在市场竞争日趋激烈的情况下，企业管理层应主要抓好经营决策工作。但有一个前提条件，就是只有企业生产管理比较健全有力，生产、工作秩序正常，企业领导才能没有后顾之忧，才能从大量的日常烦琐事务中摆脱出来，集中精力抓好经营决策。所以，强化生产管理十分必要。

三、企业生产管理的内容

企业生产管理的内容可归纳为以下五个方面：

（一）企业生产战略

企业生产战略是企业总体战略下的职能战略。根据企业的目标和总体战略，企业对生产管理系统进行全局性和长远性的规划，确定生产管理所应遵循的计划和程序，形成企业的生产管理模式。

（二）生产计划工作

生产计划工作是指编制产品生产计划和进行计划任务分配工作。生产计划主要包括产品的生产计划和生产作业计划。产品的生产计划主要规定企业在一定时期（一般为一年）内各个生产阶段所需生产的产品品种、产量、质量、产值等以及为保证实现生产计划的技术组织措施。生产作业计划是产品生产计划的具体执行计划，它是根据企业的生产计划与市场形势的变化，按较短的时间（月、旬、周、日等）为企业的各个生产环节（车间、工段、班组、工作地）规定具体的生产任务和实现的方法，并保证生产过程各阶段、各环节、各工序之间在时间和数量上相互协调和衔接。①

（三）生产准备和组织工作

生产准备和组织工作是企业生产活动正常开展的基本条件，是落实生产计划的重要保证。生产准备主要包括以下三方面内容：

第一，工艺、技术及设备方面的准备，主要包括编制工艺文件、选择工艺方案、评价设备选择的经济性以及设计和补充工艺装备等。

第二，人力的准备，主要包括对工种、人员进行选择、配备和调整，充分挖掘及发挥人力资源的潜力。

第三，物料、能源的准备，主要包括原材料、辅料、燃料、动力、外购件和外协件的准备。

生产组织包括生产过程的组织与劳动过程的组织。生产过程的组织主要解决产品生产过程各阶段、各环节、各工序在时间和空间上的配合衔接问题；劳动过程的组织主要解决劳动者之间、劳动者与劳动工具及劳动对象之间的协调问题。

（四）生产控制工作

生产控制是指围绕生产计划任务所进行的各种检查、监督、调整等工作，具体包括投产前的控制、对生产过程的控制（包括生产调度工作、产品管理

---

① 窦艳，侯杰. 刍议企业生产管理人员能力培养[J]. 航空维修与工程，2022（04）：102-104.

等)、对产品质量的控制、对库存和资金占用的控制、对物料消耗及生产费用的控制等。实行生产控制,重要的是要建立和健全各种控制标准,加强信息收集和信息反馈,实现预防性控制。

(五)先进生产与管理模式的研究与采用

采用先进的信息技术手段,实现企业生产经营系统的集成,增强企业的应变能力,提高企业的服务水平,是现代企业生产管理的重点。

四、企业生产管理的任务

在市场经济条件下,企业生产管理的任务主要有:①按照规定的产品质量完成生产任务;②按照规定的产品计划成本完成生产任务;③按照规定的产品交货期限完成生产任务。产品的质量(Quality)、成本(Cost)和交货期(Delivery Date)(简称为QCD),是衡量企业生产管理成败的三要素。保证QCD三方面的要求是生产管理最主要的任务。这三个要素是相互联系、相互制约的。提高产品质量,可能引起成本增加;增加数量,可能降低成本;为了保证交货期而过分赶工,可能引起成本的增加和质量的降低。为了取得良好的经济效益,需要在生产管理中对QCD进行合理的组织、协调和控制。

企业生产管理是为实现企业经营目标服务的。生产管理的每一项任务都是通过计划、准备、生产、销售四个阶段实现的。每项任务在生产阶段的实际情况将被反馈到准备阶段。生产管理能否符合质量的要求,最终要在销售中接受用户的检验;生产管理能否保证按期交货,将通过履约率得到反映;生产管理能否按最经济的成本生产,将根据销售后的盈亏得出结论。

第二节　企业生产过程组织

一、企业生产过程的概念

企业生产过程是工业企业最基本的活动过程，任何产品的生产都必须经过一定的生产过程。企业的生产过程包括劳动过程和自然过程。劳动过程是劳动者利用劳动手段（设备和工具），按照一定的方法、步骤直接或间接地作用于劳动对象，使之成为产品的全过程。自然过程是借助自然力，改变加工对象的物理和化学性能的过程，如铸件的自然时效、化工产品的化合作用等。

企业的生产过程有广义及狭义之分。广义的生产过程是指从生产技术准备开始，直到把产品制造出来，检验合格入库为止的全部过程。狭义的生产过程是指从原材料投入生产开始直到产品检验合格入库为止的全部过程。

生产过程是企业投入产出转化的主体部分，是企业维持生存和发展的基础。生产过程是否合理，对企业生产经营的效率和效益都有巨大影响。因此，必须对企业生产过程进行合理的组织。生产过程组织就是指要以最理想的方式组合生产要素，对生产的各个阶段、环节、工序进行合理的安排，使其形成一个协调的系统。这个系统的目标是使产品在生产过程中的行程最短、时间最省、耗费最小，并能按市场需要生产出适销对路的产品。

二、企业生产过程的构成

对于工业企业，根据承担的任务不同，企业的生产过程可分为生产技术准备过程、基本生产过程、辅助生产过程、生产服务过程和附属生产过程。

（一）生产技术准备过程

生产技术准备过程是指投产前所做的各项生产技术准备工作，如产品设计、工艺设计、工艺准备、材料与工时定额的制定、新产品试制等过程。

（二）基本生产过程

基本生产过程是指与企业的基本产品实体直接相关的生产过程，所生产的产品以市场销售为目的。

（三）辅助生产过程

辅助生产过程是指为保证基本生产过程的实现，不直接与基本产品实体相关的生产过程。例如，企业不以销售为目的，仅为本企业的需要而进行的动力生产与供应、工具制造、设备修理等。[1]

（四）生产服务过程

生产服务过程是指为基本生产和辅助生产的顺利进行而从事的服务性活动，如原材料、半成品、工具等的供应、运输、库存管理等。

（五）附属生产过程

附属生产过程是指利用企业生产主导产品的边角余料、其他资源等生产市场需要的不属于企业专业方向的产品的生产过程，如飞机厂利用边角余料生产铝制日用品的过程。

生产过程的各组成部分既相互区别又密切联系。其中，基本生产过程是主要的组成部分，生产技术准备过程是必要前提，辅助生产过程和生产服务过程是围绕基本生产过程进行并为基本生产过程服务的。附属生产过程与基本生产过程是相对的，根据市场需要，企业的附属生产产品也可能转化为企业的主导产品。

---

[1] 朱新明. 企业生产过程中的环境管理 [J]. 资源节约与环保，2015（08）：106.

三、影响企业生产过程构成的因素

不同的企业有不同的生产过程。生产过程的构成取决于下列因素：

（一）产品的特点

产品的特点是指产品品种、结构的复杂程度、精度等级、工艺要求以及原材料种类等。

（二）生产规模

在产品专业方向相同的条件下，生产规模越大，生产过程的构成要素越齐全，专业分工也越细。

（三）专业化协作水平

专业化协作水平越高，企业内部生产过程就越趋于简化，经济效果也越好。

（四）生产技术和工艺水平

企业产品相同，但技术条件和工艺水平不同，生产过程的构成也有很大差别。随着科学技术的发展，生产过程的构成也会发生深刻的变化。

四、合理组织企业生产过程的基本要求

合理组织企业生产过程的目的是使产品在生产过程中行程最短、时间最省、耗费最少、效益最好。因此，组织生产过程必须满足以下要求：

（一）生产过程的连续性

生产过程的连续性是指物料处于不停运动之中且流程尽可能短，它包括时间上的连续性和空间上的连续性。时间上的连续性是指物料在生产过程的各个环节的运动自始至终处于连续状态，没有或很少有不必要的停顿与等待现象。空间上的连续性是指生产过程各个环节在空间布置上合理紧凑，使物料的流程

尽可能短，没有迂回往返的现象。

保持生产过程的连续性可以缩短产品的生产周期，加速流动资金的周转，提高资金的利用率。

（二）生产过程的比例性

生产过程的比例性是指根据产品的要求，生产过程的各组成部分和各生产要素之间，在生产能力上保持一定的比例关系。它是生产顺利进行的重要条件，如果生产过程的比例性遭到破坏，则生产过程必将出现"瓶颈"。瓶颈会制约整个生产系统的产出，造成非瓶颈资源的能力浪费和物料阻塞，也会破坏生产过程的连续性。

（三）生产过程的平行性

生产过程的平行性是指物料在生产过程中实行平行交叉作业，加工装配式生产使生产过程的平行性成为可能。平行作业是指相同的零件同时在数台相同设备上加工。交叉作业是指一批零件在上道工序还未全部加工完时，就将已完成的部分零件转到下道工序进行加工。显然，平行交叉作业可以大幅缩短产品的生产周期。

（四）生产过程的均衡性

生产过程的均衡性是指在产品加工过程中，从投料到最后完工，在相等的时间间隔内，产品产量大致相等或递增。各工作环节经常保持均匀的负荷，不发生时松时紧、前松后紧的现象，保证均衡地完成生产任务。

（五）生产过程的适应性

生产过程的适应性是指企业能根据市场需求的变化，灵活地进行多种小批量生产的适应能力。用户需要什么样的产品，企业就生产什么样的产品；需要多少，就生产多少；何时需要，就何时提供。

以上五项要求是相互联系、相互制约的。生产过程的比例性是实现连续性、平行性的重要条件，是保证均衡性的前提；均衡性、连续性、平行性又相互影响、相互作用；适应性是市场经济对生产过程提出的要求，不与市场需要挂钩，追求连续性、平行性与均衡性则是毫无意义的。

五、企业生产过程组织的基本内容

企业生产过程的组织包括生产过程的空间组织和时间组织。

（一）企业生产过程的空间组织

企业生产过程的空间组织就是企业生产系统的布置，是指应用科学的方法和手段对组成企业的各个部分、各种物质要素（设施、设备等）进行合理的空间布置，使之形成有机的系统，以最经济的方式和较高的效率为企业的生产经营服务。生产过程的空间组织有以下两种典型的形式：

1. 工艺专业化形式

工艺专业化又被称为工艺原则，就是按照生产过程中各个工艺阶段的工艺特点来设置生产单位。在工艺专业化的生产单位内，集中了同类型的生产设备和同工种的工人，完成各种产品的同一工艺阶段的生产。即加工对象是多样的，但工艺方法是相同的，每一生产单位只完成产品生产过程的部分工艺阶段和部分工序的加工任务，产品的制造完成需要各单位的协同努力。例如，机械制造业中的铸造车间，机加工车间及车间中的车工段、铣工段等，都是工艺专业化生产单位。

工艺专业化形式适用于产品品种多、变化大，产品制造工艺不确定的单件小批生产类型的企业。它一般表现为按订货要求组织生产，特别适用于新产品的开发试制。

2. 对象专业化形式

对象专业化又被称为对象原则，就是按照加工对象的不同来设置生产单位，即根据生产的产品来确定车间的专业分工，每个车间完成其所承担的加工对象的全部工艺过程，工艺过程是封闭的。在对象专业化生产单位（如汽车制造厂的发动机车间、底盘车间，机床厂的齿轮车间、底盘车间等）里，集中了不同类型的机器设备、不同工种的工人，对同类产品进行不同的工艺加工，独立完成一种或几种产品（零件、部件）的全部或部分的工艺过程。

对象专业化形式适用于企业的专业方向已定，产品品种和工艺稳定的大批量生产，如家电、汽车、石油化工品等。

工艺专业化和对象专业化两种形式各有优缺点，在实际生产中，企业具体采用哪一种形式组织生产，应从企业自身的条件出发，进行全面分析，比较各种组织形式的利弊和技术经济效果。既要考虑当前需要，又要考虑长远发展；既可以采用其中一种形式，又可以把两种专业化形式结合起来应用，如在对象专业化形式基础上，局部采用工艺专业化形式；在工艺专业化形式基础上，局部采用对象专业化形式。

（二）企业生产过程的时间组织

合理组织企业生产过程，不仅要求生产单位在空间上密切配合，还要求劳动对象和机器设备在时间上紧密衔接，以实现有节奏的连续生产，达到提高劳动生产效率和设备利用率、减少资金占用、缩短生产周期的目的。生产过程在时间上的衔接程序，主要表现在劳动对象在生产过程中的移动方式。劳动对象的移动方式与一次投入生产的劳动对象数量有关。以加工零件为例，当一次生产的零件只有一件时，零件只能按顺序经过各道工序，而不可能同时在不同的工序上进行加工。而当一次投产的零件有两件或两件以上时，工序间就有不同的移动方式。一批零件在工序间存在三种移动方式，即顺序移动、平行移动、平行顺序移动。

1. 顺序移动方式

顺序移动方式是指一批零件在前一道工序全部加工完毕后，整批转移到下一道工序进行加工的移动方式。其特点是一道工序在工作，其他工序都在等待。

2. 平行移动方式

平行移动方式是指一批零件中的每个零件在每道工序加工完毕以后，立即转移到下一道工序加工的移动方式。其特点是一批零件同时在不同工序上同时进行加工，缩短了生产周期。

3. 平行顺序移动方式

平行顺序移动方式的特点是当一批制件在前一道工序上尚未全部加工完毕，就将已加工的部分制件转到下一道工序进行加工，并使下一道工序能够连续地、全部地加工完该批制件。为了达到这一要求，要按下面的规则运送零件：

当前一道工序时间少于后一道工序时间时,前一道工序完成后的零件立即转送到下一道工序;当前一道工序时间多于后一道工序时间时,则要等待前一道工序完成的零件数足以保证后一道工序连续加工时,才将完工的零件转送到后一道工序。这样就可以集中使用人力及设备的零散时间。

在选择移动方式时,应结合具体情况来灵活运用。一般批量小、质量轻、加工时间短的零件,宜采用顺序移动方式,反之宜采用另外两种移动方式;按对象专业化形式设置的生产单位,宜采用平行顺序移动方式或平行移动方式;按工艺专业化形式设置的生产单位,宜采用顺序移动方式;对生产中的缺件、急件,则可采用平行或平行顺序移动方式。

第三节　生产过程的高效组织形式

一、流水生产

流水生产又叫流水作业或流水线,是指劳动对象按照一定的工艺路线和统一的生产速度,连续不断地通过各工作地,按顺序进行加工并生产产品(零件)的一种生产组织形式。它是一种把对象专业化生产组织和劳动对象的平行移动方式有机结合起来的先进的生产组织方式。

现代流水生产方式起源于"福特制",是专业化组织形式的进一步发展,是一种高效率的先进生产组织形式。福特创立了汽车工业的流水线,适应了大规模生产的要求。流水生产与非流水生产相比,具有多方面的优越性。它有利于提高劳动生产率和设备利用率;有利于缩短产品生产周期,减少产品占用量,降低产品成本;有利于满足合同交货期的要求,极大地提高企业的经济效益。

（一）流水生产线的特征

第一，工作地专业化程度高，即专业性。在一条流水线上只固定生产一种或几种产品（或零件），每个工作地都固定地完成一道或少数几道工序。

第二，工艺过程是封闭的，即封闭性。劳动对象某一工艺阶段的全部或大部分工序都在流水线中完成。

第三，工作地按照工艺过程的顺序依次排列成链索形式，即顺序性。劳动对象在工序间单向移动。

第四，生产的节奏性强，即节奏性。流水线按固定的节拍进行生产。

第五，生产过程的连续程度高，即连续性。劳动对象流水般地在工序间连续移动。

第六，各道工序的工作地数量与各工件单件加工时间的比值一致，即一致性。[1]

从上述特征可以看出，流水生产方式是一个具有较高专业性、封闭性、顺序性、节奏性、连续性和一致性的先进生产组织形式。

（二）流水生产线的分类

按生产对象是否移动可将流水线分为固定流水线和移动流水线。固定流水线是指生产对象固定不动，工人按预定的规定路线，沿着顺序排列的生产对象移动，主要用于不便运输的大型产品的生产。移动流水线是指生产对象移动，工人、设备和辅助工具固定，生产对象依次经过各道工序的工作地进行加工和装配。

按流水线上生产对象的品种数量多少，可将流水线分为单一对象流水线和多对象流水线。单一对象流水线是指流水线只固定生产一种产品，也叫不变流水线。多对象流水线是指流水线上固定生产几种结构和工艺上相似的产品。

按生产对象的变换方式，可将流水线分为不变流水线、可变流水线和成组流水线。不变流水线亦称单一对象流水线。可变流水线是轮番集中生产固定在流水线上的几种产品，当变换生产对象时，要相应地调整设备和工艺装备。成

---

[1] 韩新彬.精益管理在企业生产管理中的应用浅析[J].中外企业文化，2022（07）：70-72.

组流水线是对固定在流水线上的几种产品，同时或顺序进行生产，在变换生产对象时，不需要重新调整设备和工艺装备。

按生产过程的连续程度，可将流水线分为连续流水线和间断流水线。连续流水线是指产品在流水线上的加工是连续不断进行的，没有停歇等待现象。间断流水线是指由于各道工序的劳动量不等或不成比例，各工序的生产能力不平衡，导致产品在生产过程中出现停歇或等待现象。

按流水线的节奏性，可将流水线分为强制节拍流水线、自由节拍流水线和粗略节拍流水线。强制节拍流水线要求准确地按节拍进行生产，它一般要靠按严格规定速度移动的传送带来控制。自由节拍流水线不要求严格按节拍生产产品，节拍主要靠工人熟练操作来保证。粗略节拍流水线只要求流水线每经过一个合理的间隔，生产等量的产品，而各道工序并不完全按节拍生产。

按流水线的机械化程度，可将流水线分为手工流水线、机械化流水线和自动化流水线。手工流水线多用于机器，仪表或其他器械的装配。机械化流水线应用最为广泛。自动化流水线是流水线的高级形式，一般投资很大，在应用上有一定的限制。

（三）实现流水生产线的条件

实现流水线生产需要一定的条件：①产品的产量要足够高，以保证流水线上各个工作地处于正常负荷状态。②产品结构和工艺要求相对稳定，以保证专用设备和工艺装备能发挥出潜在效益。③工艺过程应能被划分为简单的工序，便于根据工序同期化的要求进行工序的合并和分解，且各工序的工时不能相差太大。④厂房建筑和生产面积容许安装流水线的设备和运输装置。⑤原材料、协作件必须是标准的、规格化的，并能按质按时供应。

二、成组技术

成组技术也叫群组技术，20 世纪 50 年代初起源于苏联。一些企业为了提高多品种、小批量生产的效率，把企业所有的零部件按结构和工艺相似性原则进行分类编组，并通过分组把许多各不相同但又具有部分相似的零部件集中起来统一加工处理，以达到减少重复劳动、增加生产批量、节省人力、降低成本、提高工作效率等目的。成组技术的广泛应用和不断完善，不仅对采用成组工艺和成组工艺装备、提高零件批量生产具有重大意义，而且对改进产品设计，使产品系列化，零部件标准化、通用化有积极的推动作用。当今，成组技术与数控技术相结合，已成为制造技术向柔性自动化、全能制造系统等先进生产技术发展的手段。

（一）成组技术的概念

成组技术是组织多品种、小批量生产的一种科学管理方法，是指按照零件结构和工艺相似的原理分组组织生产的一种生产组织技术。

（二）成组技术的内容

从被加工零件的工艺工序相似性出发，考虑零件的结构、形状、尺寸、精度、光洁度和毛坯种类等不同特点，可以发现成组技术的内容：①按照一定的分类系统进行零件的编码和划分零件组；②根据零件组的划分情况，建立成组生产单元或成组流水线；③按照零件的分类编码进行产品设计和零件选用。

（三）成组技术的优点

为了提高多品种、中小批生产的技术经济效果，推行成组技术是一种有效措施，其优点有：①简化了生产技术准备工作，有利于促进产品和零部件的系列化、标准化和通用化，减少产品设计工作量和工艺准备时间与费用；②增加了生产同类型零件的产量，有利于采用先进的加工方法，从而提高了生产效率；③缩短了生产周期，有利于减少设备的调整时间与费用；④降低了产品的成本，有利于提高产品质量；⑤简化了生产组织与管理工作。

第四节 企业生产管理方式

随着现代科学技术在企业生产中的广泛应用，发达国家兴起了管理变革的浪潮，相继开发了适应当今时代要求的新型生产方式和管理模式，其中具有代表性的有"6S"（即整理、整顿、清扫、清洁、素养、安全六个项目）管理、准时制生产、精益生产、质量管理等。

一、现场管理模式——"6S"管理

（一）现场与现场管理模式

生产现场是指从事产品制造或提供生产服务的作业场所。它是指企业围绕经营目标而行使管理职能，实现生产要素合理组合和生产过程有机转换的作业场所。生产现场包括加工、检查、储存、运输、供应、发送等一系列的作业现场和与生产密切相关的辅助场所等。为了有效地实现企业的经营目标，生产现场管理用科学管理制度、标准和方法，对生产现场的各个生产要素，包括人（操作者和管理人员）、机（设备、工具、工位器具）、料（原料、材料、辅料）、法（加工、检测方法）、环（环境）、能（能源）、信（信息）等，进行合理、有效的计划、组织、协调、控制和激励，使其处于良好状态，保持正常运转，并不断加以改进，以求达到优质、高效、低耗、均衡、安全的生产。简言之，现场管理是生产第一线的综合性管理，是企业管理水平的直观反映。

为达到这一目的，企业通常采用以"6S"管理模式为主，兼有目标管理、标准作业流程等的管理模式。这些综合模式被统称为现场管理模式。本节主要探讨其中的"6S"管理模式。

（二）"6S"管理的内容和要求

1. 整理

整理是指在规定的时间、地点，把作业现场不需要的物品清除出去，并根据实际对保留下来的有用物品按一定顺序摆放好。整理应达到以下要求：不用的东西不放在作业现场，坚决清除干净；不常用的东西放远处（厂区库房）；偶尔使用的东西集中放在车间的指定地点；经常用的东西放在作业区。

2. 整顿

整顿是指对整理后需要的物品进行科学、合理的布置，做到随时可以取用。整顿要规范化、条理化，整顿后的现场应整齐、紧凑、协调。具体而言，即物品要定位摆放，做到物各有位；物品要定量摆放，做到目视化，过目知数；物品要便于存取；工具归类，分规格摆放，一目了然。

3. 清扫

清扫是把工作场所打扫干净，做到没有杂物、污垢等。清扫应达到的要求：对自己用的东西，自己清扫；对设备清扫的同时，检查是否有异常，清扫也是点检；对设备清扫的同时，要进行润滑，清扫也是保养；在清扫中会发现一些问题，如跑、冒、滴、漏等，要通过现象查出原因，加以解决，清扫也是改善。

4. 清洁

清洁是要保持没有垃圾和污垢的环境。清洁应达到的要求：车间环境整齐、干净、美观，保证职工健康，增加职工劳动热情；不仅设备、工具、物品要清洁，工作环境也要清洁，烟尘、粉尘、噪声、有害气体要清除；不仅环境美，工作人员着装、仪表也要清洁、整齐；工作人员不仅外表美，而且要精神上"清洁"，团结向上，有朝气，相互尊重，有一种催人奋进的气氛。清洁贵在保持和坚持，将整理、整顿、清扫进行到底，并且制度化，且管理要公开化、透明化。

5. 素养

素养是指努力提高人员的素养，养成良好的风气和习惯，具有高尚的道德品质，自觉执行规章制度、标准，改善人际关系，加强集体意识是"6S"管理的核心。素养应达到的要求：不要别人督促，不要领导检查，不用专门去思考，形成条件反射，自觉地做好各项工作。

6. 安全

安全是指企业在产品的生产过程中，能够在工作状态、行为、设备及管理等一系列活动中给员工带来既安全又舒适的工作环境。这就要求企业采取系统的措施保证人员、场地、物品等的安全。

开展"6S"管理的目的是做到人、物、环境的最佳组合，使全体人员养成坚决遵守规定事项的习惯。开展"6S"管理要坚持自我管理、勤俭办厂持之以恒的原则。[1]

"6S"是现场管理活动有效开展的基础，"6S"管理不仅能改善生产环境，还可以提高生产效率，减少浪费，提升产品品质和服务水平。将整理、整顿、清扫进行到底，并进行标准化，以致形成企业文化的一部分，这些将为企业带来新的转变和提升。

"6S"也是设备得以有效使用，减少不必要浪费的基础。在没有推行"6S"的工厂，每个岗位都有可能出现各种各样不规则或不整洁的现象，如垃圾、油漆、铁锈等满地都是，零件、纸箱胡乱搁在地板上，人员、车辆都在狭窄的过道上穿行，如不对其进行有效的管理，即使是最先进的设备，也会很快进入不良器械的行列而等待维修或报废。

二、准时制生产

准时制生产是由日本丰田汽车公司于1953年提出的，1961年在全公司推广，经过十几年的不断发展和完善，1972年以后被广泛应用于日本汽车和电子工业。此时，人们通常把它称为"丰田生产管理系统"。目前，专家们普遍认为准时制生产为日本企业生产高质量、低成本的产品提供了保证，并使日本产品在世界居于领先地位。

（一）准时制生产的原理和目标

准时制生产是指在精确测定生产各工艺环节作业效率的前提下，以按订单准确计划，并消除一切无效作业与浪费为目标的一种管理模式，又称为零库存

---

[1] 陈伯仲. 企业生产管理的原则及要点分析 [J]. 企业改革与管理, 2020 (04): 44-45.

生产。简单地说，就是在合适的时间，将合适的原材料和零部件，以合适的数量，送往合适的地点，生产出所需要的产品。合适的时间与合适的数量，即适时、适量，要求通过看板管理的方式实现生产同步化，均衡化及批量极小化。

根据"反工序"原理，准时制生产技术将生产系统中任何两个相邻工序即上下工序之间都确定为供需关系，需方起主导作用并决定供应物料的品种、数量、到达时间和地点，供方只能按需方的指令（一般用看板）供应物料。具体地说，就是每一个阶段加工或供应产品的品质，数量和时间由下一个阶段的需求确定。在传统生产制造系统中，物流与信息流同向运动，产品根据生产计划从前制程"推"到后制程，这种生产方式被称为"推动式生产系统"；而准时制生产的物流与信息流呈相反方向运动，后制程向前制程传递需求信息，"拉"出自己所需要的产品。所以，准时制生产方式又被称为"拉动式生产方式"。送到的物料必须保证质量、无次品。这种思想就是以需定供，可以大大提高工作效率与经济效益。

之所以说准时制生产是一种理想的生产模式，一是因为它设置了一个最高标准，就是零库存，实际生产可以无限地接近这个极限，但却永远不可能达到零库存，有了这个极限，才使得改进永无止境。二是因为它提供了一个不断改进的途径，即降低库存—暴露问题—解决问题—降低库存，这是一个无限循环的过程。

准时制生产方式将"获取最大利润"作为企业经营的最终目标，将"降低成本"作为基本目标。在这种思想指导下，生产过程在尽可能短的时间内，以尽可能最佳的方式利用资源，彻底消除浪费。总目标实现程度取决于特定配套目标的完成程度。这些目标包括：具备多种产品生产能力的柔性系统；减少换产时间与生产提前期；存货最小化；控制过量生产，消除浪费。

（二）实现准时制生产的重要工具——看板

准时制生产方式是以降低成本为基本目标，在生产系统的各个环节、各个方面全面展开的一种使生产能同步化,准时进行的方法。为了实现同步化生产，开发了后工序领取、单件小批量生产、生产均衡化等多种方法。而为了使这些方法能够有效地实行，准时制生产方式又采用了被称为"看板"的管理工具。

看板管理可以说是准时制生产方式中最为独特的部分，是实现准时制生产极为重要的手段。看板的主要功能是传递生产和运送的指令。看板作为管理工具，犹如连接工序的神经而发挥着作用。但是，这里需要再次强调的是，绝不能把准时制生产方式与看板方式等同起来。准时制生产方式说到底是一种生产管理技术，而看板只不过是一种管理工具。

看板只有在工序一体化、生产均衡化、生产同步化的前提下，才有可能发挥作用。错误地认为准时制生产方式就是看板方式，不对现有的生产管理方法做任何变动，只单纯引进看板方式，是不会起到任何作用的。

1. 看板的功能

看板最初是丰田汽车公司于20世纪50年代从超级市场的运行机制中得到启示，将其作为一种生产、运送指令的传递工具而创造出来的。其主要功能可概括为如下几点：

第一，生产以及运送工作指令，这是看板最基本的功能。企业根据市场预测以及订货而制定的生产指令只下达到总装配线，各个前工序的生产均根据看板来进行。看板中记载着生产量、时间、方法、顺序以及运送量、运送时间、运送目的地、放置场所、搬运工具等信息，从装配工序逐次向前工序追溯。工人取下装配线上的零部件所带的看板，依此再去前工序领取；前工序则只生产被这些看板所领走的量。"后工序领取"以及"适时适量生产"就是这样通过看板来实现的。

第二，防止过量生产和过量运送。看板必须按照既定的运用规则来使用。其中的一条规则是没有看板不能生产，也不能运送。根据这一规则，如果没有看板，各工序就既不进行生产，也不进行运送；看板数量减少，则生产量也相应减少。

第三，进行"目视管理"。看板的另一条运用规则是看板必须附在实物上存放，前工序按照看板取下的顺序进行生产。根据这一规则，作业现场的管理人员对生产的优先顺序能够一目了然，易于管理。

第四，改善的工具。以上所述可以说都是看板的生产管理功能，看板的另一个重要功能是改善功能。这一功能主要通过减少看板的数量来实现。看板数量的减少意味着工序间的产品库存量的减少。一般情况下，如果产品库存量较高，即使设备出现故障，不良产品数目增加，也不会影响到后工序的生产，所以容易把这些问题掩盖起来。在运用看板的情况下，如果某一工序设备出故障，生产出不合格产品，根据看板的运用规则之一"不能把不合格产品送往后工序"，后工序所需得不到满足，就会造成全线停工，由此可立即使问题暴露，从而立即采取改善措施来解决问题。准时制生产方式的目标是要最终实现无库存生产系统，而看板则提供了一个朝着这个方向迈进的工具。

2. 看板的实施条件和形式

在实际的生产系统中，实行看板管理需要具备一定的条件：①必须是以流水生产作业为基础的作业，不适用于单件生产；②企业生产秩序稳定，生产工艺执行严格，生产均衡性较好，工序质量能控制；③设备精度良好，加工质量稳定；④原材料、外协件供应数量、质量有保证；⑤实施标准化作业，企业内生产布局和生产现场平面布置合理。

三、精益生产

（一）精益生产方式的产生

精益生产方式起源于日本的丰田汽车公司。第二次世界大战以后，日本国内汽车市场需求品种多、数量少，丰田汽车公司面临生产困境和挑战，于是提出了适应小批量生产的丰田生产方式。后来这种方式传入美国，美国麻省理工学院的"国际汽车计划"的项目组研究人员根据这种生产方式的特点，称其为"瘦型"方式。翻译成比较贴切的名字为"精益生产方式"。

精益生产方式是对准时制生产方式的进一步升华，是对准时制生产方式精华的提炼和理论总结。精益生产方式将原来主要应用于生产领域的准时制生产扩展到市场预测、产品开发、生产制造管理、零部件供应管理以及产品销售和售后服务等领域，贯穿于企业生产经营的全过程，使生产方式的变革具有可操作性。

精益生产方式打破了传统的大规模流水生产线和金字塔式的分层管理模式，其核心思想就是消"肿"去"淤"，即以整体优化的观点，合理配置和利用企业拥有的生产要素，把参与一种产品的开发、生产、销售以及售后服务的所有步骤的员工融合在一些合作小组之中，以达到增强企业适应市场多元化要求的应变能力，获得更高的经济效益的目的。

精益生产方式与大规模生产方式相比，有效地缩短了生产和市场的距离，同时使企业真正地"瘦"了下来。然而，大量的裁员也带来了一些副作用，使西方的失业率更加严重，还因触动了众多中高层管理人员的利益，遭到了他们的反对。

（二）精益生产方式的主要特征

采用小组工作法，将产品开发与生产准备工作化整为零。小组工作法是精益生产方式的一个突出特点。小组工作法是指企业的生产组织以小组为单位，小组不仅进行生产，而且要参与管理和经营。它是为彻底消除无效劳动和浪费，实行拉动式生产而建立的。小组工作法强调以人为本、团结协作、集思广益、齐心合力、团队精神。

以人为本，充分调动人力资源的积极性，对员工进行培训，使其可以"一专多能"，不断提高工作技能，推行多机床操作和多工序管理，并把工人组成作业小组，赋予相应的责任和权利。作业小组不仅直接参与组织生产，而且参与管理，甚至参与经营。

在开发产品、提高质量、改善物流、降低成本等方面密切合作，确保主厂和协作厂共同获得利益。

把多种现代管理手段和方法用于生产过程之中，如工业工程、价值工程等，计算机更多地应用到计划、过程控制中，使生产手段现代化，也会极大提高生产效率。

有效配置和合理使用企业资源。丰田汽车公司十分珍惜每一份资源，认为资源来之不易，力争使每一份资源发挥最大作用。资源进入企业就转化为成本，"精耕细作"使用资源，可使企业生产成本得到降低。

彻底消除无效劳动和浪费，即追求"零废品，零库存"，消除一切影响工作的"松弛点"，使员工可以在最佳的工作环境下，以最佳的工作态度，从事最佳的工作。

四、质量管理

（一）质量及质量管理的概念

1. 质量的概念

质量的定义是：客体的一组固有特性满足要求的程度。质量的本质是顾客对一种产品或服务的某些方面所作出的评价，也是顾客通过把这些方面同他们感受到的产品所具有的品质联系起来以后所得出的结论。事实上，在顾客的眼里，质量不是一件产品或一项服务的某一方面的附属物，而是产品或服务各方面的综合表现特征。

质量概念的关键是"满足要求"。这些"要求"必须转化为有指标的特性，作为评价、检验和考核的依据。由于顾客需求的多样化，因此反映质量的特性也应该是多种多样的。除此之外，不同类别的产品，其质量特性的具体表现形式也不尽相同：①硬件产品的质量特性主要有性能、寿命、可信性、安全性、经济性、适应性等。②软件产品的质量特性主要有功能性、可靠性、易用性、效率、可移植性、保密性、经济性、可维护性等。③流程性材料的质量特性主要有物理性能、化学性能、力学性能、外观、经济性等。④服务质量特性主要有无形性、存储性、同步性、异质性、经济性、安全性、舒适性、文明性等。

对于企业来说，产品质量是企业进入市场的通行证，是开拓市场的重要手段。低质量的产品会损害企业在公众心目中的形象，增加生产产品或提供服务的成本，降低企业在市场中的竞争力。没有质量就没有竞争力，就难以占领市场。从某种程度上来说，质量就是企业的生命。因此，企业必须加强质量管理，将提高产品质量作为重要的经营和生产运作战略。

2. 质量管理的概念

质量管理的定义是：关于质量的管理。质量管理可包括制订质量方针和质量目标，以及通过质量策划、质量保证、质量控制和质量改进实现这些质量目标的过程。企业在整个生产和经营过程中，需要对质量、计划、劳动、人事、设备、财务和环境等各个方面进行有序的管理。由于企业的基本任务是向市场提供能符合顾客和其他相关方面要求的产品，所以，围绕着产品质量形成的全过程实施质量管理是企业各项管理的主线。质量管理是企业各项管理的重要内容,通过深入开展质量管理能推动其他的专业管理。质量管理涉及企业的各个方面,能否有效地实施质量管理关系到企业的兴衰。最高管理者在正式发布本企业的质量方针、确立质量目标的基础上,应认真贯彻有关质量管理原则,运用管理的系统方法来建立质量管理体系,并配备必要的人力和物力资源,开展各种相关的质量活动。另外,应采取激励措施激发全体员工积极参与,提高他们充分发挥才干的热情,造就人人做出应有贡献的工作环境,确保质量策划、质量控制、质量保证、质量改进活动的顺利进行。

质量管理的中心任务是建立、实施和保持一个有效的质量管理体系并持续改进其有效性。

(二)质量管理的发展阶段

质量管理的发展与人们的观念、现代社会科学技术的发展是密不可分的。随着人们的认识不断提高,现代技术、设备、方法的不断改进,质量管理从质量检验阶段、统计质量控制阶段发展到了全面质量管理阶段。

第一个阶段是质量检验阶段。1939年之前,人们对质量管理的认识还仅仅是对产品质量的检验。通过严格检验保证在每道工序传递过程和最终传到消费者手中时,产品都合格。因此,质量管理工作的核心就是检验。当时人们注重改进检测方式,提高检测手段,增加检测次数到全数检验。变化的核心是检测的主体在逐步发生变化。

第二个阶段是统计质量控制阶段。这个阶段是由统计学专家和质量管理专家联合,用统计理论和方法来解决质量管理问题。1924年,美国的休哈特提出了控制和预防缺陷的概念,这是统计质量控制阶段开始的标志。但是,当时运用此法的企业很少,直到20世纪40年代才为大众所接受和使用,此时统计质量控制阶段才真正到来。

从质量检验阶段发展到统计质量控制阶段,质量管理的理论和实践都发生了一次飞跃,从"事后把关"变为"预先控制",并很好地解决了全数检验和破坏性检验的问题,但也存在以下不足:①它仍然以满足产品标准为目的,而不是以满足顾客的需求为目的;②它仅偏重工序管理,而没有对产品质量形成的整个过程进行管理;③统计技术难度较大,主要靠专家和技术人员,难以调动广大工人参与质量管理的积极性;④质量管理与组织管理未密切结合起来,质量管理仅限于数学方法，常被领导忽略。由于这些不足，统计质量控制也无法适应现代工业生产发展的需要。自 20 世纪 60 年代以后，质量管理便进入了第三个发展阶段。

第三个阶段是全面质量管理阶段。全面质量管理从 20 世纪 60 年代开始，到目前仍在不断完善之中。促使全面质量管理理论诞生的主要原因是：①顾客对产品的质量要求不仅是一般的使用性能，还包括安全性、经济性、可靠性等要求；②企业管理中的系统思想被广泛使用，新思想、新方法开始出现；③消费者权益引起人们越来越多的关注和重视；④企业为了提高自身竞争力，向顾客承诺产品质量。

全面质量管理是把以往的质量管理工作向前后延伸：向前延伸至市场调研、产品研发、质量设计、原料采购等工序；向后延伸至质量保证、售后服务和建立质量体系。

上述三个阶段的根本区别在于：①质量检验阶段是一种防守型的质量管理，主要依靠事后把关，防止不合格品出厂；②统计质量控制阶段是一种预防型的质量管理，主要依靠在生产过程中实施控制，把可能发生的质量问题消灭在生产过程之中；③全面质量管理是一种进攻型的质量管理，主要运用现代管理思想，采取系统管理方法，全面解决质量问题，同时还要不断改进、不断提高。

第四章　企业人力资源管理

第一节　人力资源管理概述

一、人力资源的概念及构成

（一）人力资源的概念

人力资源是指在一个国家或地区中，处于劳动年龄、未到劳动年龄和超过劳动年龄但具有劳动能力的人口之和。

人力的最基本方面包括体力和智力，如果从现实的应用形态来看，则包括体质、智力、知识和技能四个方面。

这里有必要将人口资源、人力资源、劳动力资源和人才资源相区别。人口资源是指一个国家或地区拥有的人口总量，它是其他几种资源的基础。劳动力资源是指一个国家或地区在一定时期内，全社会拥有的在劳动年龄范围内、具有劳动能力的人口总数。人才资源是指在一个国家或地区劳动力资源中具有某种突出能力的、高智商的、高素质的、高技能的那部分人力资源。

（二）人力资源的构成

关于人力资源的构成，可以从数量和质量两方面来描述。

1. 人力资源数量

人力资源数量是对人在量上的规定，是指一个国家或地区拥有的有劳动能力的人口数量，亦即劳动力人口数量，具体反映了由就业、求业和失业人口所组成的现实人力资源数量。劳动力人口数量的统计与不同国家对"劳动适龄人口"或"劳动年龄人口"的界定有关。

需要注意的是，在劳动适龄人口内部，存在着一些丧失劳动能力的病残人口；在劳动年龄人口之外，也存在着一批具有劳动能力、正在从事社会劳动的人口。因此，在计算人力资源数量时，应当对上述两种情况加以考虑，以对劳动适龄人口数量加以修正。

综上所述，一个国家或地区的人力资源数量由以下八个部分构成：①处于劳动年龄、正在从事社会劳动的人口，它构成人力资源数量的主体，即"适龄就业人口"。②尚未达到劳动年龄，已经从事社会劳动的人口，即"未成年劳动者"或"未成年就业人口"。③已经超过劳动年龄，继续从事社会劳动的人口，即"老年劳动者"或"老年就业人口"。④处于劳动年龄之内，具有劳动能力并要求参加社会劳动的人口，即"求业人口"或"待业人口"，与前几部分一起构成"经济活动人口"。⑤处于劳动年龄之内，正在从事学习的人口，即"就学人口"。⑥处于劳动年龄之内，正在从事家务劳动的人口，即"家务劳动人口"。⑦处于劳动年龄之内，正在军队服役的人口，即"服役人口"。⑧处于劳动年龄之内的其他人口。

2. 人力资源质量

人力资源质量是人力资源在质上的规定，具体反映在构成人力资源总量的劳动力人口的整体素质上，即指人力资源所具有的体质、智力、知识和技能水平以及劳动者的劳动态度。

影响人力资源质量的因素主要有三个：①遗传和其他先天因素；②营养因素；③教育方面的因素。[①]

一个国家或地区人力资源的丰富程度不仅要用其数量衡量，而且要用质量

---

① 纪姿含.企业人力资源管理激励机制的创建路径[J].北方经贸,2023（08）:128-129.

来评价。与人力资源的数量相比，其质量方面更为重要。人力资源的数量反映了可以控制物质资源的人数，而人力资源的质量则反映了可以具体控制哪种类型、哪种复杂程度、多大数量的物质资源的人员特征。随着社会生产的发展，现代的科学技术对人力资源的质量提出了更高的要求。人力资源质量的重要性还体现在其内部的替代性方面。

一般来说，人力资源的质量对数量的替代作用较强，而数量对质量的替代作用较差，有时甚至不能替代。人力资源开发的目的在于提高人力资源的质量，为社会经济的发展发挥更大的作用。一个国家或地区的人力资源在一定的时间内是相对稳定的。

二、人力资源的特征

人力资源是进行社会生产最基本、最重要的资源，与其他资源相比较，它具有如下特点：

（一）人力资源具有能动性

人力资源的能动性体现在三个方面：①自我强化。个人通过接受教育或主动学习，使自己的素质（如知识、技能、意志、体魄等）得到提高。②选择职业。在人力资源市场中具有择业的自主权，即每个人均可按自己的爱好与特长自由地选择职业。③积极劳动。人在劳动过程中，会产生爱岗敬业精神，能够积极主动地利用自己的知识与能力、思想与思维、意识与品格，有效地利用自然资源、资本资源和信息资源为社会和经济的发展创造性地工作。

（二）人力资源具有可再生性

人力资源的有形磨损是指人自身的疲劳和衰老，这是一种不可避免、无法抗拒的损耗；人力资源的无形磨损是指人的知识和技能由于科学技术的发展而出现的相对老化。后者的磨损不同于物质资源，是可以通过人的不断学习、更新知识、提高技能而持续开发。

人力资源的这一特点要求在人力资源的开发与管理中加强后期培训与开

发，不断提高其德才水平。

（三）人力资源具有两重性

人力资源既是投资的结果，同时又能创造财富，或者说，它既是生产者，又是消费者。根据美国经济学家舒尔茨的人力资本理论，人力资本投资主要由个人和社会双方对人力资源进行教育的投资、卫生健康的投资和迁移的投资，人力资本投资的程度决定了人力资源质量。人的知识是后天获得的，为了提高知识与技能，人必须接受教育和培训，必须投入时间和财富，投入的财富构成人力资本的直接成本（投资）的一部分。人力资本的直接成本的另一部分是对卫生健康和迁移的投资。另外，人力资源由于投入了大量的时间接受教育用来提高知识和技能，而失去了许多就业机会和收入，这构成了人力资本的间接成本（即机会成本）。从生产与消费的角度来看，人力资本投资是一种消费行为，并且这种消费行为是必需的，先于人力资本收益，没有这种先期的投资，就不可能有后期的收益。人力资源与一般资本一样具有投入产出的规律，并具有高增值性。研究证明，对人力资源的投资无论是对社会还是对个人所带来的收益都要远远大于对其他资源投资所产生的收益。

（四）人力资源具有时效性

人力资源的时效性指人力资源的形成、开发和利用都要受时间限制，且在能够从事劳动的不同年龄段（青年、壮年、老年），人的劳动能力也不尽相同。此外，随着时间推移，科技不断发展，人的知识和技能相对老化，导致劳动能力相对降低。

（五）人力资源具有社会性

由于人受到其所在民族（团体）的文化特征、价值取向的影响，因而在与人交往、生产经营中，可能会因彼此行为准则不同而产生矛盾。人力资源的社会性特点要求人力资源管理要注重团队建设和民族精神，强调协调和整合。

第二节　绩效考核与薪酬管理

一、绩效考核

（一）绩效与绩效考核

现代企业的利益主体是多元化的，企业的持续发展依赖多方面利益相关者的协调和均衡，无论哪一个利益主体都不是企业存在的唯一原因。利益相关者包括：①投资者和股东；②生产所需要原材料的供应商；③管理者和员工；④社区和政府；⑤有购买货物或服务意向的顾客。

一个有效而成功的企业不应仅为一部分利益相关者的利益服务，而要在顾客、股东和员工这三个关键的利益相关者之间取得平衡，只有符合利益相关者利益的行为才称得上"绩效"。因此，绩效是指人们所做的同企业目标相关的、可观测的、具有可评议要素的行为，这些行为对个人或企业效率具有积极或消极的作用。

绩效考核就是收集、分析、评价和传递有关某一个人在其工作上的工作行为和工作结果方面的信息情况的过程。绩效考核是评价每一个员工工作结果及其对企业贡献大小的一种管理手段，每一个企业都在进行着绩效考核。

企业管理者利用目标管理将企业目标分解到个人，从而使绩效考核也落实到个人。一个员工个人绩效不足以对企业绩效产生严重的影响，但绩效考核是以企业绩效为中心展开的。近年来比较流行的做法是将企业目标逐层分解到岗位，并确定相关岗位的关键绩效指标，然后以此为依据对员工个人进行绩效考核。

（二）影响员工绩效的因素

员工的工作结果是个人特征和个人行为的最终体现，员工只有具有某些个人的特征，采取正确的行为，其工作才能达到预期结果。企业目标和环境对员工绩效也有影响。企业目标对员工工作行为起着导向和激励作用，同时也决定了企业采用什么样的指标对员工进行考核。环境虽然只是影响员工绩效的外部环境，但对于员工工作业绩的实现具有不容忽视的作用，如企业的生产设备、技术、工艺流程，市场环境，甚至政府经济政策等都可能对员工绩效产生影响。在绩效诊断过程中，管理者首先要审视外部环境是否对员工实现绩效目标有阻碍作用，并排除这些阻碍；否则，不但不能改善绩效，还会影响绩效管理体系的公平性，进而影响员工的工作积极性。①

（三）有效绩效考核系统的标准

绩效考核系统的有效性可以通过以下五个标准来衡量：

1. 目标一致性

有效的绩效管理系统首先应该是与企业的目标、战略联系在一起的。绩效管理系统的考核内容、考核标准必须随企业目标和战略的变化而变化，以保证绩效管理系统的有效性。

2. 明确性

企业要通过明确的绩效标准让员工清楚地知道企业对员工的预期是什么，以及如何才能达到绩效目标。明确具体的绩效标准可以使绩效考核更加客观公正。绩效标准越明确，对员工的指导和规范作用就越大，就越有助于使员工的工作活动与企业目标要求一致。为此，绩效标准应该尽量用量化的方式表示。

3. 效度

绩效管理系统的效度是指绩效管理系统对与绩效有关的所有方面进行评价的程度。有效的绩效管理系统应该能够衡量工作绩效的各个方面，即绩效评价指标应该包括与工作绩效有关的各个方面；同时，与绩效无关的内容不应该列入评价范围之内，因为对与绩效无关的方面进行评价会对员工的行为产生误导。

---

① 罗宇．中小企业绩效考核体系构建分析[J]．人才资源开发，2023（14）：91-93．

4. 信度

信度是指绩效管理系统对于员工绩效评价的一致性程度。信度包括两方面含义：一是指考核者之间的一致性程度，即不同的考核者对于同一员工的绩效的评价结果应该是一致的或相似的；二是指再测信度，即不同时间对同一员工的绩效的评价结果应该是一致的或相似的。

5. 公平与可接受性

绩效管理系统是否有效，最终取决于企业以及企业成员（包括考核者和员工）对绩效管理系统的接受程度。绩效沟通、绩效反馈、绩效辅导发挥作用的前提是所有企业成员都积极参与到绩效管理过程中来。这样才能不断地改善绩效，实现企业目标；否则，员工就会拒绝绩效管理或者对绩效管理敷衍了事。绩效管理系统的可接受性在很大程度上取决于企业成员对其公平性的认可，如果员工认为绩效管理系统是公平的，他们就愿意接受该系统。绩效管理系统的公平性意味着程序公平、人际公平、结果公平三个方面。

（四）绩效考核的方法

1. 相对考核法

（1）交替排序法

交替排序法就是考核者首先在员工中找出最优者，然后再找出对比最鲜明的最劣者；下一步接着找出次优者、次劣者；如此循环，由易渐难，绩效中等者较为接近，必须仔细辨别直到全部排完为止。

（2）因素排序法

将考评内容抽象为若干个因素，对各因素分别进行排序，然后将员工的各因素得分相加，再进行排序。

（3）强制分布法

强制分布法是按照事物"两头小，中间大"的分布规律，先确定好各等级在总数中所占的比例，然后按照个人绩效的相对优劣程度，强制列入其中的一定等级。

2. 绝对考核法

（1）关键事件法

记录与员工工作成败密切相关的关键行为，用员工所获得的关键行为总分数来评价工作绩效的方法。

（2）图表评价尺度法

图表评价尺度法是一种最常用的绩效管理方法。其主要步骤如下：①选择绩效评价要素；②限定不同绩效等级的评价标准和分数；③直接由上级根据图表对员工进行评价。

（3）评语法

评语法是考核者撰写一段评语对员工进行评价的方法。这种方法集中倾向评价员工工作中的突出行为，而不是日常的业绩。

（五）绩效考核的实施与执行

1. 绩效考核结果的处理

绩效考核结果的处理就是通过对考核实施所获得的数据进行汇总、分类，并利用数理统计方法进行加工、整理，以及得出考核结果的过程。

2. 绩效信息的反馈

企业通常采用面谈方式向员工反馈绩效信息。在面谈中管理者需要把握以下原则：①对事不对人，根据绩效考核的结果数据进行基础谈话。②反馈要具体，不要用泛泛的、抽象的一般性考核来支持结论，要援引数据，列举实例，让员工信服。③不仅要找出员工的绩效缺陷，更重要的是要诊断出原因。④要保持双向沟通。⑤要落实改进的行动计划。

3. 绩效考核系统的效果评价

绩效考核工作是一项复杂的工作，在实际工作中会出现许多误差，体现在两方面：一是方法，二是考核者的主观因素。具体来说有以下表现：缺乏客观性、晕轮效应、过高或者过低评价、集中趋势、近期行为偏见、个人偏见等。

二、薪酬管理

管理者必须在工作与奖励之间建立恰当的联系，有效的奖励可以引导员工努力工作。员工最关心的莫过于自己的报酬，如果优秀的人才觉得自己的报酬配不上自己的付出，或者比不上同类企业相同职位的报酬，就很有可能心生不满,对工作不认真,甚至做出离职的决定,这对企业来说是一个重大的损失。因此,薪酬管理也是企业人力资源管理的一个方面。

(一)薪酬的有关术语

1. 薪酬

薪酬是指员工向其所在企业提供劳动或劳务而获得所在企业给予的直接货币和间接货币形式的回报,它主要包括工资、奖金、津贴与补贴、股权、福利等具体形式。薪酬的实质体现了市场的公平交易,是员工向企业让渡其劳动或劳务使用权的价格表现。

2. 工资

工资是企业付给完成工作任务的员工的基本现金报酬。它是薪酬系统最基本的部分。基本工资一般反映了工作的价值,而不反映同一工作的员工差异。工资可分为固定工资、计时工资和计件工资三种。

3. 奖金

奖金是指企业因员工超额劳动或有杰出的表现和贡献而支付给员工工资以外的报酬。奖金与绩效直接挂钩,是对员工的一种额外奖励。

4. 佣金

佣金是指员工由于完成某项任务而获得的一定比例的现金报酬。

5. 福利

福利是指企业为其员工提供的除工资、奖金以外的一切补充性报酬,它往往不以货币形式直接支付,而以实物或服务形式支付。

(二)薪酬的组成

薪酬由直接薪酬和间接薪酬所组成。直接薪酬可分为工资和奖金,间接薪酬是指福利。

(三)薪酬系统的功能

1. 维持和保障功能

对员工而言,薪酬系统具有维持和保障功能。劳动是员工脑力和体力的支出,员工是企业劳动力要素的供应者,企业只有给予其足够的补偿,才能使其不断地投入新的劳动力。这种补偿既包括员工消费必要的能够实现劳动力正常再生产的生活资料，也包括员工知识更新所需要支付的费用。

2. 激励功能

薪酬系统的激励功能与人力资源管理的总功能是一致的，即能够吸引企业所需的人力资源，激发他们强烈的工作动机，鼓励他们创造优秀的业绩，并愿意持久地为所在企业努力工作。

（四）薪酬管理的概念、内容

薪酬管理是指企业通过与员工互动、了解员工需要，建立一套完善、系统、科学、高效的薪酬制度体系，以达到吸引、留住和激励员工的目的，进而达到企业获利、提高企业竞争力目的的一系列管理活动。

薪酬管理主要包括以下三个环节：

1. 确定薪酬管理目标

薪酬管理目标根据企业战略确定，具体包括：①建立稳定的员工队伍，吸引高素质人才；②激发员工的工作热情，创造高绩效；③努力实现企业目标和员工个人发展目标的协调。

2. 制定薪酬政策

薪酬政策指管理者对薪酬管理运行的目标、任务和手段的选择和组合，是企业在员工薪酬上所采取的方针政策。企业薪酬政策主要包括以下内容：①薪酬成本投入政策。②选择合理的薪酬制度。企业根据自身实际情况，采取稳定员工收入的策略或激励员工绩效的策略，前者多实行等级或岗位工资制度，后者常采用绩效工资制度。③确定企业的薪酬水平及薪酬结构。企业根据自身实际情况，采取高额薪酬、均等化薪酬策略，或者低额化薪酬策略，具体的选择要综合考虑三个因素：该水平薪酬是否能够留住优秀人才；企业对该水平薪酬的支付能力；该水平薪酬是否符合企业的发展目标。所谓薪酬结构，指企业员工之间的各种薪酬比例及其构成，主要包括：企业薪酬成本在不同员工之间的分配；职务和岗位工资率的确定；员工基本、辅助和浮动工资的比例以及基本工资和奖励工资的调整等。报酬多了会使不称职的员工不努力工作，少了会使高素质的人才外流。因此，给予员工最大激励和公平付薪是薪酬管理的原则。

3. 薪酬的控制与调整

薪酬的控制与调整通过制定薪酬计划实现，薪酬计划是企业薪酬政策的具体化。所谓薪酬计划，是企业预计要实施的员工薪酬支付水平、支付结构及薪酬管理重点等。

（五）薪酬制度的设计原则

企业薪酬制度的确立与实施对调动员工的积极性、创造性有着极大的促进作用。而要做到这一点，在设计薪酬制度时，必须体现以下原则：

1. 战略导向原则

企业的薪酬体系要与企业发展战略有机地结合起来，使企业的薪酬体系成为实现企业发展战略的重要杠杆之一。在企业不同的发展阶段，因为外部市场环境的变化和企业自身优劣势的转变，企业会制定不同的发展战略，企业战略的调整必然导致薪酬体系的调整或重建。

2. 公平原则

企业员工对薪酬分配的公平感，也就是对薪酬发放是否公正的判断与认识，是企业管理者在设计薪酬制度和进行薪酬管理时需要首先考虑的因素。

薪酬的公平性可以分为三个层次：①外部的公平性。指同一行业、同一地区或同等规模的不同企业中，类似职务的薪酬应当基本相同。这是因为这些企业对任职者的知识、技能与经验的要求相似，任职者的各自贡献也应相似。②内部公平性。指同一企业中不同职务所获薪酬应与各自的贡献成正比。只要比值基本一致，便是公平的。③个人公平性。这涉及同一企业中相同岗位的人所获薪酬间的比较。

3. 竞争性原则

竞争性原则是指在社会上和人才市场上，企业的薪酬标准要有吸引力，这样才能战胜其他企业，招聘到所需人才。究竟应将本企业摆在市场价格范围的哪一层次，当然要视本企业财力、所需人才获得性的高低等具体条件而定。企业要有竞争力，薪酬水平至少不应低于人才市场的平均水平。

4. 激励性原则

激励是薪酬最关键的功能。薪酬设计的激励性原则包括两层含义：一是要求企业尽可能地满足员工的实际需要，因为不同员工的需求各异，同样的激励在不同的时期和不同的环境中对同一员工起到的激励作用也不同。二是薪酬系统中各岗位或职务的薪酬标准要有合理的差距，设计时要结合员工的能力、绩效、岗位的责任标准等。由于员工之间存在个人能力、职位和岗位职能的差别，因此在设计薪酬系统时可以考虑不同员工群体之间的差异，采用不同的薪酬模式，如面向中高层管理人员的年薪制、面向销售员工的底薪加奖金提成的模式。

5. 经济性原则

企业满足激励性原则和竞争性原则的通常做法是提高薪酬标准，但是这样做往往提高了企业的人工成本。所以，企业的管理者在设计薪酬制度时不应仅考虑薪酬系统的吸引力，还应当考虑企业的财务承受能力。对企业来说，薪酬标准不是越高越好，合理的薪酬制度应该是在资源和资金有限的情况下寻求一种最有效的薪酬和福利组合，以确保以最低的成本保持企业在人才市场上的竞争力和员工的高满意度。

6. 合法性原则

企业必须严格遵守和执行与薪酬有关的法律法规，如关于最低工资的规定、禁止使用童工的规定等，这是任何一个企业在设计薪酬制度时所必须遵循的原则。

（六）薪酬制度的设计程序

1. 制定薪酬制度

企业薪酬制度是企业人力资源管理的重要组成部分，需要根据企业的使命、愿景等制定。薪酬制度要对以下内容做出明确规定：对员工本性的认识，对员工总体价值的认识，对管理骨干、专业技术人才和营销人才的价值估计，企业基本工资制度和分配原则，企业工资分配政策和策略。

2. 岗位设置与工作分析

岗位设置要分析研究的内容：通过对工作内容、责任者、工作岗位、工作时间、怎样操作以及为何要这样做等进行分析，对该职务的任务要求和责任、权力等方面进行书面描述。工作分析主要从两方面入手：一是工作描述，即对职务的名称、职责、工作程序、工作条件和环境等方面进行一般性说明；二是对员工的要求，即通过职务描述，进一步说明担任某一职务的员工所必须具备的资格条件。

3. 职务评价

职务评价的目的：比较企业内部各职务的相对重要性，得出职务等级序列；为进行薪酬调查建立统一的职务评估标准。

职务评价的主要步骤：①确定评价的目的；②确定评价的方案；③明确职务评价的战略导向；④选取标杆职务；⑤确定职务评价方案。

职务评价的方法：分为非量化评价法和量化评价法两大类。非量化评价方法有两种：排序法和分类法；量化评价方法有三种：计点法、因素比较法和海氏评价法。

4. 薪酬调查

企业要吸引和留住员工，不但要保证企业工资制度的内在公平性，而且要保证企业工资制度的外在公平性。因此，企业要开展市场薪酬调查，了解和掌握本地区、本行业的薪酬水平，及时制定和调整本企业对应岗位的薪酬水平和本企业的薪酬结构，以确保企业工资制度的外在公平性。

薪酬调查的目的：帮助制定新参加工作人员的起点薪酬标准；帮助查找企业内部工资不合理的岗位；帮助了解同行业企业调薪时间、水平、范围等；了解当地工资水平并与本企业的工资水平比较；了解工资动态与发展潮流。

薪酬调查的主要内容：了解企业所在行业的工资水平；了解本企业的工资水平；调查工资结构。

薪酬调查的方法：问卷调查法；面谈调查法；文献收集法；电话调查法。

薪酬调查的实施步骤：确定调查目的；确定调查范围；选择调查方式；整理和分析调查数据。

5. 薪酬分级和定薪

薪酬分级与定薪在职务评价后进行。企业根据确定的薪资结构线，将众多类型的职务薪资归并组合成若干等级，形成一个薪资等级系列，从而确定企业内每一职务具体的薪资范围，保证员工个人薪酬的公平性。

6. 薪酬评价与调整

根据薪酬调查、职务评价与绩效考核的标准，制定相应的工资标准、与工作绩效相关的薪酬标准、管理人员与普通员工的奖励标准和奖励形式等，以达到激励员工的目的。为保证薪酬制度的适用性，企业应随着市场环境、企业战略的变化，相应地调整薪酬结构。

第三节　人力资源开发与员工培训

一、人力资源开发

人力资源开发是指发现、发展和充分利用人的创造力，进而提高企业劳动生产率和经济效益的活动。人力资源开发成功与否直接影响到企业总目标能否实现。

（一）人力投入

人力投入是指选择适量并满足需要的人力加入企业的生产经营活动。投入适量人力以获得最佳规模的经济效益，是人力资源开发的第一个途径，但其前提是投入的人力必须有事可做，不能无目的地投入。另外，还必须有相应的资金，使人均技术装备水平达到一定程度。因此，企业要根据自身条件及特点选择适量的人力。

（二）人力配置

人力配置是将投入的人力安排到企业中最需要又最能发挥其才干的岗位上，以保持生产系统的协调性。

系统的生产力不是每个人生产力的简单相加，它在很大程度上取决于劳动力的结合状况，即协调状况。一个劳动者在不同的生产领域中有不同的边际产出。合理配置人力就是调整和优化企业的劳动力组合，使生产经营各环节人力均衡、人岗匹配，有利于每个人充分发挥其作用。这是人力资源开发极其重要的途径之一。

（三）人力发展

人力发展是指通过教育培训，提高劳动者的素质。早在 20 世纪 60 年代，舒尔茨就曾做过统计：美国 1900～1957 年物质资本投资增加 4.5 倍，产生的利润为 3.5 倍；教育投资增加 8.5 倍，产生的利润达 17.5 倍。可见，人力投资的效益大大高于物质方面投资的效益。

教育经济学的研究成果也表明：与文盲相比，一个具有小学文化程度的劳动者可将劳动生产率提高 43%；中学文化程度的可提高 108%；大专以上文化程度的可提高 300%。

可见，人力发展是最有效的人力资源开发途径。从宏观上，国家应大力发展教育，提高全民族素质。从微观上，企业应重视员工培训，舍得智力投资，有了高素质的员工，就有了强大的竞争力，有了发展的基础。

（四）人员激励

人员激励是指激发人的热情，调动人的积极性，使其潜在的能力充分发挥出来。企业激励水平越高，员工的积极性就越高，企业的劳动生产力也就越高。劳动生产力开始随激励水平的提高迅速上升，但到一定程度后会逐渐减缓增长，直到趋于某一水平，这是因为人的精力是有限的。应当说明的是，劳动者素质越高，激励效果越好。人员激励也是人力资源开发的重要途径之一。

激励从一般意义上说，就是由于需要、愿望、兴趣、情感等内外刺激的作用，使人处于一种持续的兴奋状态；从管理学角度来说，就是激发热情、调动人的积极性。人的潜在能力是否能得到发挥，工作是否有成效，不仅取决于人员配置的客观情况是否合理，更重要的是受到人的主观积极性的影响。影响个人工作成效的因素主要有个人的能力、个人的积极性、个人所处的环境条件。实践证明，通过科学的激励方法提高人的主观积极性，能促使人把自身的潜在能力充分发挥出来，大大提高生产力。[①]

半个多世纪以来，西方管理学家、心理学家和社会学家在动机激发模式的基础上，从不同的角度研究了怎样激励人的问题，提出了许多激励理论。这些

[①] 魏振鹏. 企业员工培训的有效管理与创新探讨[J]. 中外企业文化，2023（06）：238-240.

理论大致可以分为三类：内容型激励理论、过程型激励理论和行为改造型激励理论。

学习和借鉴上述理论，对于领会激励的深刻内涵，形成人员激励的机制，正确运用科学的激励方法，做好人员激励工作，具有重大的现实意义。

在管理实践中，激励的手段主要有物质激励和精神激励两种。

第一，物质激励。常用的物质激励方式主要是工资、奖金和福利等。在我国目前的经济和生活水平状况下，物质激励仍然是最基本，也是最有效的激励手段。然而，采用物质激励方式，并不一定能达到激励的效果。科学、公正、合理的工资和奖金分配制度、福利制度等是实现有效激励的基础，这就要求人力资源管理部门制定公平、合理、客观的劳动成果评价标准，在真正体现按劳分配的基础上，激发员工的积极性和竞争意识，取得良好的激励效果。

第二，精神激励。精神激励的主要形式包括表彰与批评、吸引员工参与管理和满足员工的成就感等。

采用物质激励和精神激励时必须注意：二者必须有机地结合起来，在不同的历史阶段、不同的环境条件下，采取恰当的"激励组合"；二者都以激发员工的工作积极性为目的，因此，通过人事考核、绩效考核等科学的方法，客观评价员工的行为表现和工作成果，才能收到实效。

二、员工培训

（一）员工培训的概念、类型和使命

1. 培训的概念

培训是企业向新员工或现有员工传授其完成本职工作所必需的相关知识、技能、价值观、行为规范的过程，是企业安排的对本企业员工进行的有计划、有步骤的培养和训练。

2. 培训的类型

（1）职前培训

①一般性培训。主要内容包括：企业历史、传统与基本方针、企业理念、价值观、本行业的现状与企业的地位、企业的制度与组织结构、产品知识、制

造与销售、公务礼仪、行为规范等。

②专业性培训。主要内容包括：就业规则、薪酬与晋升制度、劳动合同、安全、卫生、福利与社会保险、技术、业务、会计等各种管理方法训练。

（2）在职培训

①管理人员培训。主要内容包括：观察、知觉力、分析判断力、反思、记忆力、推理、创新力、口头文字表达能力、管理基础知识、管理实务、案例分析、情商、人际交往、团队精神等。

②专业性培训。主要内容包括：行政人事培训、财务会计、生产技术、生产管理、采购、质量管理、安全卫生、计算机等。

3. 培训的使命

培训的使命是：引导新员工；改善绩效；提升员工价值；开发高层领导技能。

培训的使命应着眼于：学会认知；学会做事；学会共同工作和生活；促进个人发展。

（二）员工培训的意义

员工培训的意义主要表现在以下几方面：①培训是满足企业长远发展的战略需求。②培训是满足职位要求，改进现有职位业绩的需要。③培训是员工职业生涯发展的需要。④培训是改变员工对工作与企业态度的重要方式。⑤培训有利于员工更新知识，适应新技术、新工艺的要求。⑥培训是企业吸引员工、留住员工、激励员工的重要手段。

（三）培训的角色

企业中参与培训的角色有：最高管理者、人力资源部、业务部门管理者（一线经理）和员工。一线经理起关键作用（教师、教练、帮助者），人力资源部起主导作用，最高管理者负责保证培训与经营需要相结合。

（四）培训管理的三个重要阶段

培训的程序一般分三个阶段：需求分析阶段、培训实施阶段和培训评估阶段。

三、员工培训系统模型

有效的培训系统是员工培训的重要保障。精心设计员工培训系统是非常重要的。员工的培训系统包括培训需求的确定、培训目标的设置、培训方法的确定、培训的实施、培训成果的转化及培训评价和反馈等几个环节。

（一）培训的准备阶段

在员工培训的准备阶段，必须做好两方面的工作：一是培训需求分析，二是培训目标确定。

1. 培训需求分析

培训需求分析对是否需要进行培训来说是非常重要的，它包括企业分析、任务分析与个人分析三项内容。

2. 培训目标确定

培训目标是指培训活动的目的和预期成果。目标可以针对每一培训阶段设置，也可以面向整个培训计划设定。培训目标的设定是建立在培训需求分析的基础上的。

培训目标确定的作用表现在：它能结合员工、管理者、企业各方面的需要，满足员工方面的需要；帮助员工理解为什么需要培训；协调培训的目标与企业目标的一致性，使培训目标服从企业目标；使培训结果的评价有一个标准；有助于明确培训成果的类型；指导培训政策制定及其实施过程；为培训的组织者确立必须完成的任务。

培训目标一般包括三方面内容：一是说明员工应该做什么；二是阐明可被接受的绩效水平；三是员工完成指定学习成果的条件。

培训目标确定应把握以下原则：一是使每项任务均有一项工作表现目标，让员工了解受训后所达到的要求，具有可操作性；二是目标要有明确的具体的工作任务；三是目标应符合企业的发展目标。

具体的培训目标应以下构成要素：内容要素、标准要素和条件要素。

内容要素即企业期望员工做什么事情，可分为三类：一是知识的传授；二是技能的培养；三是态度的转变。

标准要素即企业期望员工以什么样的标准来做这件事情。其界定必须清楚明确，使员工在参加培训时有明确的努力方向。例如，"在10分钟内准确地完成工作"比"迅速地完成工作"更具体明确。

条件要素即在什么条件下要达到这样的标准。

（二）培训的实施阶段

在培训的实施阶段，企业要完成两项工作：培训方案设计和培训实施。

1. 培训方案设计

（1）培训经费的预算

具体步骤如下：①确定培训经费的来源：企业承担或企业与员工分担。②确定培训经费的分配与使用。③进行培训成本—收益计算。④制订培训预算计划。⑤培训费用的控制。

（2）选择培训供应商

选择培训供应商应考虑的因素：①该企业在设计和传递培训项目方面的经验。②该企业的人员构成及对员工的任职资格要求。③曾经开发过的培训项目或拥有的客户。④为其客户提供的参考资料。⑤能证明其培训项目有效的证据。⑥该企业对本行业和本企业的了解程度。⑦培训项目的开发时间。⑧企业在业内的声誉。⑨咨询合同中提出的服务、材料和收费等事宜。

（3）其他内容

选择设计适当的培训项目；确定培训对象；培训项目的负责人（包括企业的负责人和具体培训的负责人）；培训的方式与方法；培训地点的选择；根据既定目标，具体确定培训形式、学制、课程设置方案、课程大纲、教科书与参考教材、培训教师、教学方法、考核方法、辅助器材设施等。

2. 培训实施

具体步骤如下：①选择和准备培训场所。②课程描述。③课程计划。④选择培训教师。⑤选择培训教材。⑥确定培训时间。

（三）培训的评价阶段

1. 培训效果评估标准

目前，国内外运用得最为广泛的培训评估方法，是由美国学者柯克帕特里克在1959年提出的培训效果评估模型。至今，它仍是培训经理人经常使用的经典培训评估模型。柯克帕特里克将培训效果分为四个递进的层次——反应层、知识层、行为层、效果层。

反应层：受训人员对培训的印象与满意度。

学习层：受训者对培训内容的掌握程度。

行为层：受训者接受培训后工作行为的变化。

结果层：受训者或企业的绩效改善情况。

2. 培训效益的分析

培训效益可用以下指标分析：

$$培训投资回报率 = 项目净利润 / 项目成本$$

$$培训投资收益率 = 项目收益 / 项目成本$$

3. 评估报告的撰写

评估报告的基本结构如下：①导言（主要说明评估的实施背景，即被评估项目的概况）。②概述评估实施的过程。③阐明评估的结果。④解释、评论评估结果并提供参考意见。⑤附录。⑥报告摘要。

第五章　企业财务管理

第一节　财务管理概述

一、财务管理的概念

财务管理是组织企业财务活动，处理企业财务关系的一项经济管理工作。资金是企业进行生产经营的一种必要生产要素，企业的生产经营过程，一方面表现为物资的采购、储备、加工与出售的实物流动；另一方面表现为价值形态的资金流入与流出。以现金收支为主的企业资金收支活动构成了企业的财务活动。具体来说，企业财务活动包括企业筹资引起的财务活动、企业投资引起的财务活动、企业经营引起的财务活动和企业分配引起的财务活动。现代企业生产是一种社会化的大生产，需要大量的资金，在生产经营的过程中，企业与外界发生各种各样的资金往来关系，这就形成了企业的财务关系。企业的财务关系包括企业与其所有者之间的财务关系、企业与其债权人之间的财务关系、企业与被投资单位之间的财务关系、企业与其债务人之间的财务关系、企业与职工之间的关系、企业内部各单位之间的财务关系、企业与税务机关之间的财务关系等。

企业财务管理就是组织好企业的财务活动，处理好企业的财务关系，为企业生存发展提供资金支持的一种综合性的管理活动。和企业的其他管理职能相比，企业财务管理有自己的特点：首先，财务管理是一项综合性管理工作；其次，财务管理与企业各方面具有广泛的联系；最后，财务管理能迅速反映企业的生产经营状况。

二、财务管理的目标

财务管理的目标是企业理财活动所希望实现的结果，是评价企业理财活动是否合理的基本标准。财务管理是企业管理的重要组成部分，财务管理的目标应该服从和服务于企业的目标。从本质上讲，企业的目标是通过生产经营活动创造更多的财富，实现企业价值的增值，同时，在企业价值增值的过程中，企业应该承担社会责任，实现企业经济价值和社会价值的统一。但是，由于不同国家的企业面临的财务环境不同，同一国家的企业所有制性质不同，以及企业治理结构、发展战略和所处的发展阶段不同等，财务管理目标具体表现为不同的形式。随着财务管理理论研究的深化和企业财务管理实践的发展，人们对企业财务管理的认识会更加全面，企业的财务管理目标也会趋向合理。一般认为，企业财务管理的整体目标有以下几种：

（一）以利润最大化为目标

利润最大化是西方微观经济学的理论基础。利润最大化观点的持有者认为：利润代表企业新创造的财富，利润越多则企业的财富增加得就越多，就越接近企业目标。在市场经济条件下，企业往往把追求利润最大化作为目标，因此，利润最大化自然也就成为企业财务管理要实现的目标。以利润最大化为目标，可以帮助企业加强经济核算、努力增收节支，提高企业的经济效益。但是，以利润最大化为目标没有考虑利润实现的时间以及伴随高报酬的高风险等问题，盲目追求利润最大化可能会造成追求短期利润、忽视经营风险和阻碍长远发展等问题，因此，利润最大化不是企业财务管理的最优目标。[①]

（二）以股东财富最大化为目标

对于股份制企业，企业属于全体股东，股票的市场价格和股东拥有的股票数量决定了股东财富的多少。企业属于股东，股东投资的目的就是获得最大的财富增值，因此，企业经营的目标是使股东财富最大化，财务管理的目标也是使股东财富最大化。股东财富最大化目标一定程度上克服了利润最大化目标忽视风险、追求短期利润等不足，但是它只适用于股票已公开上市的股份公司，对于一般的企业则难以适用。股东财富最大化在强调股东利益的同时，可能忽视或者损害债权人、员工、供应商、社会公众等利益相关者的利益。

（三）以企业价值最大化为目标

股东价值最大化目标是站在股东是企业的所有者，股东承担了企业的全部风险，因此也应该享受全部剩余的角度来考虑企业财务管理的目标的。实际上，企业的存在和发展，除了与股东投入的资源有关外，和企业的债权人、员工甚至社会公众等都有密切的关系，因此，单纯强调企业所有者的利益而忽视其他利益相关者的利益是不合适的。企业价值最大化是指通过企业财务上的合理经营，采用最优的财务政策，充分考虑资金的时间价值和风险报酬之间的关系，在保证企业长期稳定的基础上使企业总价值达到最大。

三、财务管理的内容和基本方法

企业财务管理就是管理企业的财务活动和财务关系。企业的财务活动包括筹资活动、投资活动、经营引起的财务活动以及利润分配活动。在资金的运动过程中形成企业与外界组织或内部单位及个人之间的财务关系。财务管理的内容按照财务活动的过程分为筹资管理活动、投资管理活动、营运资金管理活动和利润分配管理活动四个主要的方面。

财务管理的基本方法有财务预测、财务决策、财务计划、财务控制、财务

[①] 秦春.企业财务管理转型路径探讨[J].现代营销（上旬刊），2022（11）：4-6.

分析。财务预测是指财务人员根据历史资料，结合现实条件，运用特定的方法对企业外来的财务活动和财务成果所做出的科学预计与测算。财务预测是进行财务决策、编制财务计划、组织财务活动的基础。财务决策是指财务人员从财务目标出发，从多个可行的备选方案中选择最优方案的过程。财务计划是在一定的计划期内，以货币形式反映生产经营活动所需的资金及其来源、财务收入与支出、财务成果及其分配的计划。财务控制是指在财务管理过程中，基于一定的信息，利用一定的手段对企业的财务活动施加影响或调节，以便实现计划所规定的财务目标的一项工作。财务分析是根据有关信息和资料，运用特定方法对企业财务活动过程及其结果进行分析和评价的一项工作。

第二节　企业内部的财务管理

一、企业内部会计控制制度

（一）内部会计控制的含义

内部会计控制是指企业为了保证各项经济活动的有效进行，提高会计信息质量，保护资产的安全、完整，防范财务与经营风险，防止欺诈和舞弊，确保有关法律法规和规章制度的贯彻执行等制定和实施的一系列具有控制职能的方法、措施和程序。内部会计控制的目标是：保证经济活动的合法性；保证财产物资的安全性，防止资产流失；保证会计资料的真实性、完整性；促进内部管理水平的不断提高。内部会计控制是内部控制的核心。

（二）企业建立内部会计控制制度的目的

从本质而言，内部控制是为了规避风险，保证会计信息的准确可靠，提升管理效果，更好地促进企业的经营管理与持续发展。从政府宏观经济的角度来看，企业的稳定经营有利于国民经济的平稳健康发展，保证社会稳定；从企业所有者和管理者自身的角度来看，企业经营中的风险对企业持续经营和发展有不利影响。从企业与员工的角度来看，员工并不总是为了他们所属企业的利益而努力。企业的规模大小和复杂程度提高，员工与企业之间的利益差异亦会随之增大。两者追求利益的差异，使员工出现一些不道德、不恰当的行为，损害企业利益。为规范员工的这些不恰当、不道德行为，企业必须建立企业内部会计控制制度。

（三）企业建立内部会计控制制度应遵循的原则

1. 合法性原则

内部会计控制制度应当符合国家法律法规和《内部会计控制规范——基本规范》的规定以及企业的实际情况。这一规定是一个企业建立内部会计控制制度的前提条件，任何一个企业建立任何内部控制制度都必须体现国家法律法规，且不能违反国家法律法规，因为国家法律法规体现了公民的根本利益，它对企业的会计核算和会计监督活动等起着强制性作用或指导作用。因此，内部会计控制必须符法律法规的要求。

2. 相互牵制原则

企业中每项完整的业务活动都必须经过具有互相制约关系的两个或两个以上的控制环节方能完成。在横向关系上，至少由彼此独立的两个部门或人员办理以使该部门或人员的工作受另一个部门或人员的监督；在纵向关系上，至少经过互不隶属的两个岗位或环节，使下级受上级监督，上级受下级牵制。对授权、执行、记录、保管、核对等不兼容职务及工作内容要做到互相独立、互相牵制。[①]

3. 协调配合原则

内部会计控制制度涉及企业管理工作的各项业务过程和各个操作环节，覆盖所有的部门和岗位，因此管理与执行的每一个人都必须互相配合，各项业务执行的每一个环节都要互相协调，从而保证企业各项经营管理工作得以持续有

---

① 王义.企业财务管理内部审计控制的初探[J].商场现代化，2022（19）：132-134.

效进行。协调配合原则是对相互牵制原则的深化和补充。实际工作中尤其要避免只顾互相牵制而罔顾办事效率的愚钝机械做法，必须保证既相互牵制又相互协调，保质保量又高效地运行管理企业。

4. 程序定位原则

企业应该按照实际经济业务的内容及执行过程中各个阶段的职责，根据其职责范围内的性质和功能将本企业的经营管理活动设置成具体的工作岗位，明确各个工作岗位的职责内容、职责权限、执行规范、管控力度等，并明确到每个人。形成事事有人管、人人有专职、办事有标准、工作有检查，以此定出奖罚制度，增强每个人的事业心和责任感，提高工作效率。

5. 成本效益原则

企业是以营利为目的的经济体，因此必须保证企业实行内部会计管理控制制度的收益大于其产生的成本，保证企业运转的利益最大化。

6. 层次效益原则

追求层次效益要求企业合理协调企业内控的层次与工作效率之间的关系，避免以单纯增加层次的方式获得较好内控效果的情况发生。以合理管控及高效运转为原则，恰当设置内控层次（或人员），明确划分各个层次的职责范围，确定各个层次执行的工作内容，订立合理的奖惩制度，保证企业内控制度的有效实施。

（四）企业财务管理中的内部控制

随着现代企业的不断发展，对企业内部的管理和控制的要求也就越来越高。内部控制作为企业各项业务活动顺利有效进行的保障，同时也是进行有效财务管理的一个重要的手段，企业内部控制的强弱直接影响着其财务管理水平的高低。通过完善企业内部的控制系统，可以及时地发现和纠正企业中各项管理的漏洞和薄弱环节，借以增强企业财务会计报表的可信赖程度，并提出改善企业财务管理和经营管理的建议，从而能够达到制止或减少作弊、消除或防止损失，改进企业财务状况的目的。

1. 企业内部控制存在的问题与加强内部会计控制制度的必要性

（1）企业内部控制存在的问题

①管理者思想方面存在的问题：其一，企业内部会计控制意识薄弱。企

业管理者与执行者对内部会计控制制度的认识普遍不足，认为企业内部会计控制是多余的企业工作环节，浪费人力物力，事倍功半，反而会束缚企业的发展。这些管理者与执行者或者简单地把内部会计控制制度理解成企业内部的资产控制及成本控制等制度，或者直接将其理解为指定的会计工作文件和工作制度。在实际会计控制制度的执行上，存在已订立的章法不依、执行不到位、管控不严谨，甚至为行一时之方便而简化必要程序的情况，导致企业既定的内控制度泛于形式，并未发挥实际的管理管控职能。其二，内部会计控制制度执行力不强，缺乏有效的激励机制。企业管理者往往不是专业的会计人员，对企业内部会计控制制度缺乏管控意识，执行标准也不尽统一，又缺乏明确的奖励惩罚制度约束。对于某些以追求短期利润为目标的企业而言，企业的内部会计控制在执行过程中逐渐丧失作用，最终形同虚设，导致企业的运营管理陷入恶性循环。

②企业管控制度方面存在的问题：其一，企业内部会计控制的审计职能不强。一个企业的内部审计工作必须以企业日常运营管理工作为基石，它是企业内部会计管理制度正常正确执行的保障，在企业内部控制执行中起着监督与控制的重要作用。然而很多企业认为内部审计工作是财务工作的内容之一，没有另设内部审计部门的必要；有些企业即使已设立了内部审计部门，却未能正确区分其余财务的工作，将其与财务划为平行甚至隶属部门，摒弃了审计工作的独立性原则，不能正确发挥其监督管控的职能，不利于企业内部控制制度的实施与监督。其二，企业内部会计控制信息系统相对滞后，更新换代缓慢。企业数字化信息管理施行后，所有的财务经营数据都集中在信息系统中进行操作处理，信息数据的备份与信息系统的技术维护工作也是内控的重要工作之一。各个企业的实际情况不同，导致其对信息系统的使用程度、管理方法等也大相径庭。例如，有的企业甚至至今仍在手工记账而并未进行信息数字电子化等处理；有的企业虽然已开始使用电子系统进行记账，但无人管理和维护系统，信息处理不及时，系统更新换代严重滞后。信息系统易错乱或受到外部篡改、盗取，导致信息丢失、信息失真、信息更新不及时等问题，危害企业的健康发展。

（2）企业内部会计控制制度建设的必要性

第一，加强内部会计控制制度建设是贯彻会计法规制度的重要基础。为了规范和加强会计工作，国家制定颁布了一系列会计法律法规，这些会计法律法规是进行会计核算、实行会计监督和从事会计管理的基本依据。国家颁布的会计法律法规是从全国会计工作的总体要求出发而制定的，尽管在制定过程中尽可能地考虑到了不同地区、部门、行业、企业的会计工作的要求和特点，以及不同会计工作水平的要求，但对于具体各会计单位而言，仍需要结合本企业生产经营和业务管理的特点、要求将国家颁布的会计法律法规的各项规定进行具体化，并作必要的补充，以使本企业的会计管理工作能够渗透到经营管理的各个环节、各个方面。这种对国家会计法律法规具体化的办法和措施，就是企业内部会计控制制度。企业内部会计控制制度是国家会计法律法规的必要补充，是贯彻实施国家会计法律法规的重要基础和保证。各企业必须重视和不断加强企业内部会计控制制度建设。

第二，加强内部会计控制制度建设是规范会计工作秩序的客观要求。会计工作涉及各方面的利益关系，处理不当将会影响有关方面的利益，因此会计工作必须依法进行。企业内部会计管理制度不健全、会计核算混乱、财务收支失控，不仅损害了国家和社会公众利益，也给企业的经营管理带来消极影响。因此，各企业应当加强内部会计控制制度建设，使内部会计管理工作的程序、方法、要求等制度化、规范化，这样才能保证会计管理工作有章可循、有据可依、规范有序，才能保证会计工作发挥应有的作用。

第三，加强内部会计控制制度建设是完善会计管理制度体系的要求。以企业会计工作为例，《中华人民共和国会计法》（以下简称《会计法》）、会计准则和会计制度对企业会计工作的原则、基本方法和程序做出了规定，并赋予企业一定的理财自主权和会计核算选择权，这为企业会计工作更好地为经营管理服务提供了制度保证。但是上述规定只指明了企业会计工作的方向和目标，实现这些目标还需要企业结合本企业内部管理要求对上述规定进行充实和细化，这样才能使会计法规和理财自主权落到实处，进而保证会计管理制度体系的完整性和有效性。

第四，加强内部会计控制制度建设是改善单位经济管理的重要保证。财务会计管理是单位内部管理的中心环节，是一项重要的综合性、职能性管理工作。一般而言，会计可以分为财务会计和管理会计。会计法规主要侧重于对财务会计的基本要求做出规定，管理会计方面的内容则因其是单位内部的管理行为而未涉及。但这并不是说在财务会计与管理会计两者之间可以厚此薄彼，实际上，财务会计与管理会计都是各单位内部管理的重要手段。因此，企业必须制定一套规范完整的内部会计控制制度，充分保证财务会计和管理会计更好地参与企业的内部管理，使会计工作渗透到企业内部管理的各个环节。这不仅有利于更好地发挥会计工作的职能作用，还有利于改善企业内部管理，提高经济效益。

2. 完善企业财务管理内部控制的措施

（1）管理体系方面

加快财务信息系统建设，大力推进企业管理数字化。企业应该积极推进财务管理信息系统建设，健全会计信息质量保证机制。企业财务管理信息系统的建设和完善，将有助于建立严密的会计控制系统，使会计核算从事后转到实时，财务管理从静态走向动态，实现"过程控制"，推进集中式财务管理，经过几年的努力，最终建立以预算控制为核心的财务管理信息系统，提供及时、准确、全面、实时的财务会计信息，满足企业决策层的需要。要利用信息技术，逐步建立企业数字化管理系统。

加强对内部控制行为主体——人的控制，把内部控制工作落到实处。企业内部控制失效，经营风险、会计风险产生，行为主体全是人。这里所指的"人"是一个企业从领导到有关业务经办人员的所有人员。只有上下一致，及时沟通，随时把握相关人员的思想、动机和行为，才能把内部控制工作做好。具体来说，领导除本身应以身作则，起表率作用外，还应做好以下几点工作：第一，要及时掌握企业内部会计人员的思想行为状况。内部业务人员、会计人员违法违纪，必然有其动机，因此企业领导及部门负责人要定期对重点岗位人员的思想和行为进行分析，掌握可能使有关人员违法违纪的外因，以便采取措施加以防范和控制。第二，对会计人员进行职业道德教育和业务培训。职业道德教育要从正反两方面加强对会计人员的法纪政纪、反腐倡廉等方面的教育，增强会计人员自我约束能力，使其自觉执行各项法律法规，遵守财经纪律，做到奉公守法、廉洁自律；加强对会计人员的继续教育，要特别重视对那些业务能力差的会计人员进行基础业务知识培训，以提高其工作能力，减少会计业务处理的技术错误。

（2）内部控制方面

构建严密的以内部会计控制为中心的企业内部控制体系。企业内部控制体系具体应包括三个相对独立的控制层次：第一个层次是在企业一线"供产销"全过程中融入相互牵制、相互制约的制度，建立以"防"为主的监控防线。有关人员在开展业务时，必须明确业务处理权限和应承担的责任，对一般业务或直接接触客户的业务，均要经过复核；重要业务最好实行双签制，禁止一个人独立处理业务的全过程。第二个层次是设立事后监督，即在会计部门常规性的会计核算的基础上，对其各个岗位、各项业务进行日常性和周期性的核查，建立以"堵"为主的监控防线。事后监督可以在会计部门内设立一个具有相应职务的专业岗位，由责任心强、工作能力全面的人员担任此职，并纳入程序化、规范化管理。第三个层次是以现有的稽核、审计、纪律检查部门为基础，成立一个直接归董事会管理并独立于审计部门的审计委员会，通过内部常规稽核、离任审计、落实举报、监督审查企业的会计报表等手段，对会计部门实施内部控制，建立有效的以"查"为主的监督防线。以上三个层次构建的内部控制体系对企业发生的经济业务和会计部门进行的"防""堵""查"递进式的监督控制，对于及时发现问题，防范和化解企业经营风险和会计风险具有重要的作用。

（3）制度强化方面

强化外部监督，实行强制性审计并建立企业内部控制的披露制度。在法规体系初步健全、监督体系完整的情况下，监督效果也不尽如人意，会计信息失真问题也时有发生。解决这些问题的最佳方法就是对内部会计控制实施强制性的外部审计。一般的做法是：首先，企业对自身的内部会计控制进行全面而深入的自我评估，出具内部控制报告；其次，注册会计师就内部控制报告进行审计，并发表审计意见；最后，对外公开内部控制报告。需要说明的是，这种审计必须是强制性的，对外公布的内部控制报告必须履行法律手续。这样做的最大效应是，可以增强企业管理层和注册会计师的责任感，迫使他们不断健全和完善企业内部会计控制制度，减少企业营运风险，提高营运效益，进而提高企业会计信息质量，增强资本市场的透明度和有效性，保护投资者的利益。

企业内部会计控制制度是一项不断更新、任重道远的工作。有企业存在，就有内部会计控制。好的内部控制制度可以帮助企业完成目标，保证企业经营合法合规，促进企业实现发展战略。改革的进一步深化对企业管理结构和产业的调整要求更加迫切，如何有效地利用内部会计控制体系来保证会计资料的完整性、会计数据的真实性以及会计工作的及时性，都依赖制度的创新。而内部会计控制制度的创新对新形势下财务报告资料的真实性与完整性就显得更为重要。

二、企业内部审计

（一）内部审计的概念

作为会计工作的重点，会计监督工作对企业来说有着特殊的意义。一般来说，企业内部需要建立相互独立而又相互联系的内部控制模式，从企业内部管理方面为企业会计工作的依法开展奠定基础。内部控制要做两方面工作：第一，要定期对企业的会计资料进行相应的内部审计和管理工作；第二，要加强对会计工作的监督和再监督，并在整个监督过程中，明确内部审计监督和会计监督的任务。因此，在企业的会计监督工作中，首先要明确会计工作人员的职责和义务，重视会计核算工作在会计工作中的作用，只有这样，企业的会计工作才能从真正意义上得到发展。而与此同时，新《会计法》也开始从法律层面重视内审监督工作，内部审计监督、评价有了更为科学完善的尺度。内审监督是内审人员对会计监督的再监督，是审计人员根据国家相关的财政法律法规及企业自身的情况，编制相关的模式并采用一定的程序，运用自身的技术和专业知识，对企业自身及其相关企业经济活动的合法性、合规性、合理性、效益性以及反映经济活动资料的真实性进行审核与评定工作，并针对相应的结果，提出改进工作建议的一种经济监督活动。因此，新《会计法》在法律的层面，规定了财务会计工作和内部审计工作的合理合法性，并强调了两者的作用和意义，从而促进企业自身财务工作的开展。

（二）内部审计在企业管理中的作用

1. 内部审计是提高企业会计信息质量的重要方法

企业内部审计是一种企业自身独立的评价体系，并对企业的一切经济活动进行审查和评价，对企业管理起制约、防护、鉴证、促进、建设性和参谋作用。通过内部审计工作，我们能够及时发现会计管理工作中存在的问题，并及时向企业领导或者相关负责部门反映，以保证企业会计管理工作维持正常的秩序。

企业在开展各项经济活动的过程中，自然离不开会计活动的参与，会计核算是否符合标准、会计制度是否违反了国家的相关法规和政策、会计信息是否存在失真问题，都是内部审计部门需要进行监督与控制的内容。可见，内部审计与财务会计的终极目标都是保证会计信息的真实、完整。

2. 内部审计能够保证财务报告的真实可靠性

现代企业内部审计的职能已从查错防弊发展为企业价值的保值、增值服务。内部审计可以通过自己的监督工作，发现并纠正企业存在的问题，督促企业各级管理人员及全体员工遵纪守法，严格执行制度规定，对企业各项经济业务进行客观的会计核算并及时真实地披露会计信息，保证财务报告的真实可靠性。其目的在于增加价值和改进企业的运作，它通过系统化和规范化的方法，评价和改进风险管理，提高控制的有效性，帮助企业实现目标。由于内部审计人员熟悉企业经营环境并了解企业经济活动及其过程，因此有效的内部审计工作可以充分发挥强有力的监督功能，检查企业对下属各部门的管理控制效果，验证各下属部门经营层和财务负责人是否有效履行受托的经济责任职能。因此，内部审计能够充分发挥其评价职能作用，提高企业会计信息质量，增强企业防范会计风险的能力。

3. 内部审计监督与企业财务会计共存是管理现代化的必然

企业内部审计是我国社会主义审计体系的重要组成部分，它的重要职能是进行经济监督和经济评价。建立内部审计制度也是国际上通行的做法。作为整个企业内部管理系统的内部控制子系统，企业内部审计也越来越受到人们的重视。它不仅进行事后审计监督，还进行事中、事前的审计监督；不仅进行财务收支审计，还进行内部控制和经济效益审计；不仅对企业的各个部门或事项进行审计，还对企业的整个管理过程进行审计监督。随着我国社会主义市场经济体制的建立，内部审计正发挥着越来越重要的作用。财务会计和内部审计都是适应社会生产的发展和经济管理的要求，尤其是随着企业规模的扩大，为了适应企业经营管理的需求而产生和发展的。因此，企业财务会计和内部审计监督都是企业管理不可缺少的重要管理环节。

（三）加强企业内部审计的途径

1. 增强内部审计能力，提高会计信息的有效性

我国内部审计在会计管理方面主要应该针对会计信息的真实性、合法性进行监督和审查。会计信息的有效性在我国企业会计管理中非常重要，是会计工作能否在合理、规范的状态下，顺利开展工作的基础。审计的对象主要是会计报表、账簿、凭证等信息和资料。现代企业大多采用会计电算化方式来实现会计管理的高效性，因此审计工作就会显得不容易入手。内部审计也应该适应企业发展趋势，将对会计工作监督和检查的重点，转移到对会计信息化管理的监督上来。在实现会计信息化管理以后，内部审计的工作可能会面临更多技术上和新会计制度上的挑战，因此，内部审计必须在工作能力上有所提高，保证自身工作能力能够符合现代化的技术需求。另外，内部审计必须审时度势，增强审计工作能力，进而提高会计信息的有效性。

2. 合理设置内部审计机构，提高会计管理审计的有效性

随着我国经济体制改革的进一步深入和现代企业制度的逐步建立，企业的规模越来越大，层次越来越多，自主权空前扩大。但多数情况下，管理者只能实行间接控制，因此管理者需要一种保障，即保障企业控制系统按计划运作，并为他们提供一切必要的信息，以此来控制他们职责范围内的事情，内部审计则提供了这种保障。因此，要确保企业内部审计在会计管理方面发挥监督和检查工作的有效性，必须完善内部审计机构的体制，合理设置内部审计机构。

3. 加强内部审计队伍建设，提升审计工作水平

内部审计人员要想成为企业风险的规避专家和会计舞弊的预警专家，不仅要懂得相关的会计业务，更要了解相关的法律法规，使自己具有扎实的专业知识和技术能力。因此，内部审计人员应该熟练运用内部审计标准程序和技术，灵活地开展审计管理工作，对企业会计中存在的各种舞弊现象进行深入了解和分析，进而找出正确的解决方案。只有这样，才可能较大幅度地提高内部审计人员的素质，使内部审计机构真正成为现代企业管理的臂膀，在现代企业管理中发挥应有的作用，更好地为企业的经济活动服务。

随着社会主义市场经济的不断完善，现代化企业管理制度逐步规范，企业之间的市场竞争日趋激烈，内部审计制度在企业财务管理中的地位和作用越来

越重要，内部审计在企业财务管理中，对于企业降低财务风险，提高企业经济效益有着重要的作用，已成为企业健康生存与发展的重要保障。

（四）企业内部审计风险及应对管理

1. 内部审计与风险管理的关系

（1）内部审计作为内部控制的重要部分，与风险管理密不可分

内部控制与风险管理的联系日趋紧密。在制定内部控制政策，或评估特定环境中内部控制的构成时，企业决策层应对诸多风险管理问题进行深入思考。作为企业内部控制的重要组成部分，内部审计的工作重点也随之发生了变化：除了关注传统的内部控制之外，更加关注有效的风险管理机制和健全的企业治理结构；审计目标与企业最高层的风险战略连接在一起，内部审计人员通过当前的风险分析，确保企业经营目标的实现，使用适应风险管理原则的审核过程；内部审计的工作重点不仅是测试控制，分析、确认、揭示关键性的经营风险，才是内部审计的焦点。

（2）对企业风险管理进行监督和评价是内部审计发展的必然要求

内部审计以内部控制为生存与发展的基础，以对企业风险的评估与改善为目标，旨在增加企业价值和改善企业的运营，内部审计的范围延伸到风险管理和企业治理，风险管理已发展成为内部审计的一项重要内容。内部审计的建议更加强调风险的规避、风险转移和风险控制，通过有效的风险管理提高企业整体管理的效果和效率。

（3）内部审计介入风险管理具有独特的优势

内部审计机构在企业组织结构中占据独特的位置，能够客观地、从全局的角度管理风险，在风险管理中发挥着不可替代的独特作用。内部审计师更了解企业的高风险领域。会计信息系统提供的会计信息的真实可靠是内外部激励机制正常运行的前提条件，而有效的审计监督制度是确保这一前提条件实现的关键。外部审计对企业财务报表进行的审计，仅对其公允性发表审计意见，从而起到增强会计信息可信性的作用；而内部审计处于企业内部，对于企业内部控制、管理经营活动、风险管理都有透彻深入的了解，与外部审计人员相比，内部审计对企业治理发挥的作用在层面上更为深入，在范围上更为广泛。

2. 内部审计运用于风险管理中应注意的问题

（1）建立科学的企业组织结构，理顺内部审计管理体制

要使内部审计机构能够有效地在企业风险管理中发挥作用，必须建立适合内部审计在风险管理中发挥作用的组织结构，使内部审计机构既能参与风险管理过程，又能独立行使职权。同时，还应建立有效的沟通机制，保证风险信息及时完整的传达到内部审计机构。

（2）树立全新的审计监督理念，提高实施风险导向审计的审计人员的素质

树立内部审计大局观、总体观。传统的企业管理将注意力放在个别控制系统和经营机制上，而现代管理则强调总体管理概念，把总体管理控制系统与企业的长远目标联系起来；把一旦达不到目标，与可能发生的风险联系起来。树立全新的审计监督理念，要实现两个方面的转变：第一，要实现合规性审计监督向风险性审计监督的转变。第二，要实现事后监督向事中、事前监督的转变，内部审计应积极探索，变被动为主动，防患于未然，提高监督效能。

（3）建立适合企业风险管理审计的审计程序

传统的标准化审计程序存在很大问题：一是不能对症下药，没有贯彻风险导向审计思想；二是很多时候，实施内部审计都是从财务资料入手，而很多的财务人员都系统学习过审计，或有长期与各种内外部审计打交道的经验，熟知传统的、标准化的审计程序。他们从自身角度考虑，可能会预先设置一些障碍和防范措施，使内部审计人员无法突破。审计测试程序个性化就是为了克服传统审计测试的缺陷，针对不同的风险领域，采用个性化的审计程序。

目前，我国内部审计一般尚未与企业治理相结合，对风险管理还不够关注。为此，要逐步完善企业法人治理结构，明确企业外部和内部的委托代理关系，培养管理者的竞争意识和风险意识，形成内部审计的需求市场，为内部审计的发展创造良好的环境。同时，企业要顺应内部审计科学发展的客观规律，在实践中有意识地推动企业风险管理与内部审计的结合。作为内部审计人员，应该及时把握机遇，善于迎接挑战，以实践成果取得企业的信任，发展内部审计，使内部审计工作更具生命力。

第三节　企业投资管理

一、投资的目的

投资是企业以收回现金并取得收益为目的的现金流出，投资对于企业的生存和发展具有重要意义。企业的任何投资行为的最终目的都是获取最大的投资收益，从而实现企业价值最大化的理财目标。投资按资金的投向可分为对内投资和对外投资。对内投资包括固定资产投资和流动资产投资，对外投资包括证券投资和直接投资。但对于各个独立的投资项目来说投资的具体目的又分为以下三种：

（一）增强竞争实力，取得投资收益

收益的取得可以表现为利润的增加，也可以表现为成本的节约。企业可以通过投资扩大原有市场的规模，或者开发新的产品和市场，从而扩大经营规模，以取得规模效益。另外，企业还可以通过投资引进效率更高的设备，或进行技术改造，从而降低成本和各项费用，达到增强竞争实力和增加收益的目的。

（二）降低投资风险

投资风险就是投资收益超出预期变动的可能性。企业各个投资项目的风险程度是不同的，当企业已有投资项目的风险都比较高时，企业就应考虑再投资一些低风险的项目，以形成多元化投资或经营的格局，降低投资风险。

（三）承担社会义务

企业对生产安全设施和环境保护方面的投资，表面上看没有直接的经济效益，反而会增加眼前的支出，但这是企业对社会所尽的义务，能产生一定的间接效益和良好的社会效益。因此，企业应避免因安全或环保设施缺失等引起的人员和财产损失以及环境污染，维护企业的形象。从长远看，这实际上也是企业的一笔财富，而不能仅仅将其看作企业的负担。

二、短期投资决策的基本程序

短期投资的对象一般为企业的流动资产，通常在 1 年以内就可收回。因此，短期投资决策程序比较简单。

（一）根据实际需要，提出投资项目

当企业需要进行集中的季节性原材料采购时，或者当出现有利的采购机会时，就要追加流动资金；当企业现金有富余时，就可将暂时闲置的现金投资短期有价证券，以获取投机性收益。

（二）分析投资收益，做出投资决策

当提出短期投资项目后，要分析项目的收入与成本，以便确定投资的收益，当投资收益大于零或达到企业预定的投资报酬率时，投资项目才是可行的，但当企业用现金投资短期有价证券特别是股票时，还应评估投资风险。

（三）积极筹措资金，及时组织投放

当确定短期投资项目后，应保证资金及时到位。资金来源应在综合考虑企业原有资金结构的基础上，从企业内部调剂或从外部融通。

（四）及时反馈信息，实施财务监控

由于企业各类短期投资频繁发生，因此资金投放后要及时反馈信息，并注意实施监控，确保实现决策目标。

（五）执行投资项目

制订期间计划，进行投资建设，包括设计图纸、根据决策方案详细制订分年度建设计划并实施工程建设。[①]

（六）投资项目再评估

投资项目建成后，经过一段时间的投产运营，要进一步评价投资项目运转是否正常，预期收益能否实现，投资能否按时收回等。

三、货币时间价值

货币时间价值又称资金时间价值，是指货币随着时间的推移发生的增值。货币时间价值的基本表现形式为利息或利率，在实际运用中通常以终值和现值来表示。

（一）复利终值

复利终值是指在按复利计息情况下，一定数量的本金在未来某一时点的本息之和。

（二）复利现值

复利现值是指在按复利计息情况下，未来一定时点的货币资金折算的现在价值。

（三）年金终值

年金是指一定时期内，每期都收入或支出一笔相同金额的货币资金。年金有后付年金（又称普通年金）、先付年金、递延年金和永续年金四种形式。年金终值是在复利计息情况下，各期收入或支出相等金额的货币资金终值的总和。

[①] 王亚兰，姜雨丝. 浅析中小企业投资管理 [J]. 市场周刊，2022，35（10）：13-16.

（四）年金现值

年金现值是指在复利计息情况下，未来各期收入或支出相等金额货币资金的现值总和。

四、投资决策的方法

投资决策的方法有多种，按是否考虑货币时间价值划分，可分为非贴现法和贴现法两大类。非贴现法不考虑货币时间价值，计算较简单，但长期投资决策时间跨度大，不考虑货币时间价值的计算结果，在经济上并不可靠。贴现法要考虑货币时间价值，计算较复杂，但结果更为可靠。

（一）非贴现法

1. 投资回收期法

投资回收期法是以投资额完全收回所需时间的长短来评价投资方案的方法。投资回收期的计算，因每年的现金净流量是否相等而有所不同。

2. 年平均投资报酬率法

年平均投资报酬率法是通过计算投资项目寿命周期内平均的年投资报酬率，来评价投资方案的方法。

在采用年平均投资报酬率法评价投资方案时，应事先确定一个企业要求达到的必要平均报酬率，只有当投资方案的投资报酬率等于或高于必要的投资报酬率时，投资方案才是可行的。如果有多个可行方案可供选择，则应选择投资报酬率最高的方案。

（二）贴现法

1. 净现值法

净现值法是指通过计算净现值来反映投资的报酬水平并确定投资方案的方法。净现值是指投资方案在未来时期内的现金流入量，按照资金成本率或企业愿意接受的最低报酬率折算为现值后减去投资现值的差额。

净现值为正，说明该方案的投资报酬率高于企业的资金成本率或企业愿意接受的最低报酬率，则该投资方案在经济上可行；净现值为负，则方案不可行。在有多个备选方案时，应选择净现值最高的方案为最优方案。

2. 现值指数法

现值指数又称为利润指数或获利指数，它是投资项目未来现金流入的总现值与投资额现值之比。

现值指数法的优点是考虑了资金时间价值，能够真实反映投资项目的盈亏程度。

第四节　企业股利分配

利润分配是企业按照国家有关法律法规以及企业章程的规定，在兼顾股东与债权人及其他利益相关者的利益关系基础上，将实现的利润在企业与企业所有者之间、企业内部的有关项目之间、企业所有者之间进行分配的活动。利润分配决策是股东当前利益与企业未来发展之间权衡的结果，将引起企业的资金存量与股东权益规模及结构的变化，也将对企业内部的筹资活动和投资活动产生影响。

一、利润分配的基本原则

利润分配是企业的一项重要工作，它关系企业、投资者等有关各方的利益，涉及企业的生存与发展。因此，在利润分配的过程中，应遵循以下原则：

（一）依法分配原则

企业利润分配的对象是企业缴纳所得税后的净利润，这些利润是企业的权益，企业有权自主分配。国家有关法律、法规对企业利润分配的基本原则、一般次序和重大比例也作了较为明确的规定，其目的是保障企业利润分配的有序进行，维护企业所有者、债权人以及员工的合法权益，促使企业增加积累，增强风险防范能力。国家有关利润分配的法律和法规主要有《中华人民共和国公司法》（以下简称《公司法》）、《中华人民共和国外商投资法》等，企业在利润分配时必须切实执行上述法律、法规。利润分配在企业内部属于重大事项，企业必须在不违背国家有关规定的前提下，对本企业利润分配的原则、方法、决策程序等内容作出具体而又明确的规定，企业在利润分配中也必须按规定办事。

（二）资本保全原则

资本保全是责任有限的现代企业制度的基础性原则之一，企业在分配中不能侵蚀资本。利润的分配是对经营中资本增值额的分配，不是对资本金的返还。按照这一原则，一般情况下，企业如果存在尚未弥补的亏损，应首先弥补亏损，再进行其他分配。

（三）充分保护债权人利益原则

按照风险承担的顺序及其合同契约的规定，企业必须在利润分配之前偿清所有债权人到期的债务，否则不能进行利润分配。同时，在利润分配之后，企业还应保持一定的偿债能力，以免产生财务危机，危及企业生存。此外，在企业与债权人签订某些长期债务契约的情况下，其利润分配政策还应征得债权人的同意或审核方能执行。

（四）多方及长短期利益兼顾原则

利益机制是制约机制的核心，而利润分配得合理与否是利益机制最终能否持续发挥作用的关键。利润分配涉及投资者、经营者、职工等多方面的利益，企业必须兼顾各方利益，并尽可能地保持稳定的利润分配。在企业获得稳定增长的利润后，应增加利润分配的数额或百分比。同时，由于发展及优化资本结构的需要，除依法必须留用的利润外，企业仍可以基于长远发展的考虑，合理留用利润。在积累与消费关系的处理上，企业应贯彻积累优先的原则，合理确定提取盈余公积金和分配给投资者利润的比例，使利润分配真正成为促进企业发展的有效手段。

二、利润分配的顺序

企业向股东（投资者）分派股利（分配利润），应按一定的顺序进行，应符合我国《公司法》有关规定。

（一）弥补以前年度亏损，计算可供分配的利润

将本年净利润（或亏损）与年初未分配利润（或亏损）合并，计算出可供分配的利润。如果可供分配的利润为负数（即亏损），则不能进行后续分配；如果可供分配的利润为正数（即本年累计盈利），则进行后续分配。

企业在提取法定公积金之前，应先用当年利润弥补亏损。企业年度亏损可以用下一年度的税前利润弥补，下一年度的税前利润不足弥补的，可以在5年之内用税前利润连续弥补，连续5年未弥补的亏损则需用税后利润弥补。其中，税后利润弥补亏损可以用当年实现的净利润，也可以用盈余公积转入。[①]

（二）提取法定盈余公积金

根据《公司法》的规定，法定盈余公积金的提取比例为当年税后利润（弥补亏损后）的10%。当年法定盈余公积的累积额已达企业注册资本的50%时，可以不再提取。法定盈余公积金提取后，根据企业的需要，可用于弥补亏损或转增资本，但企业用盈余公积金转增资本后，法定盈余公积金的余额不得低于转增前企业注册资本的25%。提取法定盈余公积金的目的是增加企业内部积累，以利于企业扩大再生产。

（三）提取任意盈余公积金

根据《公司法》的规定，企业从税后利润中提取法定公积金后，经股东大会决议，还可以从税后利润中提取任意盈余公积金。这是为了满足企业经营管理的需要，控制向投资者分配利润的水平，以及调整各年度利润分配的波动。

---

① 马春爱，肖榕．企业股利分配中的同群效应研究[J]．会计之友，2018（23）：125-131．

（四）向股东（投资者）支付股利（分配利润）

根据《公司法》的规定，企业弥补亏损和提取公积金后所余税后利润，可以向股东（投资者）分配股利（利润）。其中，有限责任公司股东按照实缴的出资比例分取红利，全体股东约定不按照出资比例分取红利的除外；股份有限公司按照股东持有的股份比例分配，但股份有限公司章程规定不按照持股比例分配的除外。

此外，近年来，以期权形式或类似期权形式进行的股权激励在一些大企业逐渐流行起来。从本质上来说，股权激励是企业对管理层或者员工进行的一种经济利益分配。

第六章 企业价值管理

第一节 企业价值管理的内涵与意义

如今,金融市场的参与者越来越多地通过杠杆收购、敌意收购、代理竞争等方式参与到企业经营中来。同时,首席执行官也通过并购、重组、杠杆收购、股份回购等方式,领导企业积极参与到金融市场中去。因此,资本市场向企业管理者提出了要求:他们需要管理价值,需要关注企业和经营战略所创造的价值。

然而,一些企业虽然声称致力于"实现股东价值",然而,却并没有付诸实践;还有一些企业虽然制定了创造价值的战略,但却不能实现。因此如何创造、计量、评价和实现股东价值是21世纪企业所面临的问题。

一、企业价值管理的内涵

关于价值管理(VBM)的概念存在很多流行的观点。有的侧重于其结果含义,有的则将其看成以价值为导向的过程管理和结果管理的有效结合。例如,美国管理会计师协会(IMA)指出(1997),VBM是将企业的整体目标、分析方法和管理流程结合起来,通过对股东价值的关键驱动因素的管理决策,帮助实现企业最大价值的一种管理方法。①

笔者认为,企业价值管理是以股东价值最大化为目标,以企业价值评估为基础,以提升价值创造为导向,以决策、计划、控制、评价、激励为手段的一整套管理模式。

二、企业价值管理的意义

对企业实施价值管理的意义如下:

第一,企业价值管理使企业内每个人的行动与价值创造和股东目标保持一致,这是企业价值管理的真正意义所在。

第二,企业价值管理是一种理念。价值管理促使我们在企业所有层面(从企业的产品和服务到企业间的并购重组,从企业所依赖的投资资本到优良的人力资源)对价值进行科学的管理,以全面获得竞争优势。

第三,企业价值管理是一套规划和实施程序,它按照股东价值最大化的原则来制订并执行战略计划。

第四,企业价值管理是一系列工具。企业价值管理是一系列实用的管理工具,它能使我们了解什么能够创造企业价值,什么会毁损企业价值。

实证研究表明,实施价值管理的企业的业绩要比没有实施价值管理的同类企业要好。例如,一项对《财富》世界500强企业的调查显示,奉行股东价值最大化的企业比同行的经营业绩要高5%。在一个以价值为导向的企业中投入1美元,5年后其价值可能会超过2美元,而将同样的1美元投资在其他企业中,5年后的价值可能只有1.5美元。我们可以发现实施价值管理的结果就是可以制订并实施能创造更多价值的决策,从而提高企业收益和股东价值。

当通用电气集团原执行总裁杰克·韦尔奇(Jack Welch)被问到他为谁的利益而经营企业时,他回答说:"我们都在试图使股东、员工和社会之间达到适当的平衡。但这可不容易,因为如果最终不能使股东满意,我们就无法机动灵活地照顾员工或社会。在我们这个社会,不管你愿不愿意,都必须让股东满

---

① 夏沧澜.基于价值的企业管理探究[J].中国中小企业,2022(02):136-137.

意。"那么，如何才能使股东满意呢？可口可乐前执行总裁罗伯特·戈伊苏埃塔（Roberto Goizueta）坚信，管理者应该最大限度地增加股东的财富。他说过："管理人员拿薪水不是为了使股东舒适，而是为了使股东富有。"因此，企业管理层要成为价值管理者，追求企业价值最大化目标。

第二节　企业价值管理的基本框架

随着人们对价值评估认识的不断深化，企业价值评估已不仅仅是对企业价值创造预期结果进行度量的手段，更是分析企业在价值创造过程中的有关信息、管理企业价值创造活动的重要途径。

企业价值管理框架是在增加企业股东价值这一根本目标下发展和建立的，和所有的组织框架一样，是对实践中复杂的具有相互依赖性、共同选择和反馈的各种管理方法在理论上的一种抽象概括，是通过针对企业的价值驱动因素的管理决策进行价值创造的体系。虽然各个企业的价值管理框架都不尽相同，但它们大致包括四个基本步骤：①战略计划；②内部报告；③业绩评价；④激励机制。

一、战略计划

在企业价值管理框架下，战略的制定是不可缺少的一个环节。那么，企业如何形成有效的、能够创造价值的战略？

企业价值模型是由收益、增长、风险三个维度构成的。因此，形成有效战略的前提是对企业收益、增长、风险三维的动态平衡度的必要关注。利润通常不应是制订战略所关注的核心，价值管理只有完成收益、增长、风险三重管理任务，企业才能走得更稳、更远，价值目标才能得以保证。

基于价值管理的情况，企业的目标一定是股东价值最大化，企业战略选择将以创造股东价值为导向。在战略制定的过程中，企业目标通常被看作已知的，因此战略制定就是选择达到这些目标的方向和途径的过程。

因为战略往往是决定企业在未来相当长一段时期的目标，因此其实现需要通过战略规划进一步细化。对于一个企业而言，战略规划是一个长期的战略计划，它决定企业将采取的方案和这一方案在接下来的一些年度内所需分配的资源数量。

战略规划的实施需要转变为年度的经营活动，因此为了保障战略规划的最终实现，由战略规划形成的战略目标需要进行进一步的分解和落实，从而转变为单一经营年度的战略计划。可见，战略计划是战略规划的分解，是战略规划得以实施的保证。

从内容上看，战略计划应该是对影响战略实现的关键价值驱动因素的进一步细化和落实，因此是与整个企业的价值创造战略目标和战略规划紧密结合在一起的。关键价值驱动因素既包括财务方面的，也包括非财务方面的。一方面，财务结果往往属于一种综合性的事后反映，具有滞后效应和短期效应；另一方面，非财务活动往往是财务结果获得改善的关键动因，许多企业的实践活动已经证明非财务要素的变动最终影响了企业财务业绩。这样通过分析战略目标和战略规划对于经营活动各方面的基本要求，就可以进一步形成战略计划，明确关键价值驱动因素，使企业的战略规划和战略目标转化为更为详细的控制目标。

关键价值驱动因素需要进一步细化为业绩评价指标和业绩评价标准，这是因为关键价值驱动因素往往属于对企业战略目标和战略规划的实现起决定作用的因素，通常只表现在有限的若干方面，企业的高层管理者需要将具有总括性的目标尽可能地细化和分解，使之成为具有可操作性和责任清晰的业绩评价指标和业绩评价标准。这一方面需要设计业绩评价指标从定性的角度来对关键价值驱动因素进行反映，解决"评价什么"的问题；另一方面，需要设置业绩评价标准来衡量关键价值驱动因素的实现程度，解决"评价多少"的问题。由于关键价值驱动因素包括财务和非财务两个方面，因此相应的业绩评价指标也分为财务指标和非财务指标两种类型。[①]

---

① 孟雯婷.企业价值最大化下财务管理框架探讨[J].合作经济与科技，2019（04）：170-171.

可见，战略计划为管理者对企业经营活动的控制和战略目标的实现提供了依据和标杆。

二、内部报告

内部报告也可以称为信息与沟通，它是完成价值管理的另一个必要环节。内部报告是指由企业内部编制，并在企业内部传递，为董事会、管理者和其他员工所使用，主要目的在于满足他们控制战略实施、实现战略目标的信息报告，内部报告并不局限于传统意义的管理会计报告，它包括凭证、账簿、报表、表格、图形和文字说明等多种形式，同时也区别于遵循企业会计准则编制并对外提供的财务会计报告。

为什么在价值管理中，需要有内部报告？因为对于管理者而言，没有信息就不可能做出决策，就不知道战略实施的效果与业绩评价目标的差异程度，也就无法进行差异分析和采取纠正偏差的措施，战略实施也就难以控制。信息只有通过反馈和沟通才能获得，沟通包含信息的有效传递和正确理解。在实践中，很多企业既有战略目标和战略规划，也有战略计划，但是战略实施却缺乏效果效率，原因之一就是战略计划的执行流于形式，没有根据战略计划建立相应的信息反馈和沟通机制。信息反馈和沟通机制的设计包括会计信息系统的设计和业务统计信息系统的设计，它们分别可以提供财务评价信息和非财务评价信息，最终形成一套完整的内部报告系统。当然，信息的可靠性对于业绩评价结果的真实性很重要，因此信息反馈和沟通机制的设计还应该包括确保信息真实可靠的信息审核系统，否则很有可能出现"输进去的是垃圾，输出来的也是垃圾"的情形，从而误导决策。内部报告可以分为正式的业绩评价报告和非正式的业绩评价例外报告。无论是正式的业绩评价报告，还是非正式的业绩评价例外报告，都可以反映企业各级管理者的管理业绩，一方面起到反馈管理信息的作用，另一方面达到监督管理者的效果。

三、业绩评价

如果说企业目标和战略规划决定了整个业绩评价系统的评价目标（系统运行的基本方向），那么企业战略计划则进一步决定了业绩评价指标的内容（战略实施的期望结果）和业绩评价标准的水平（战略实施的期望效率）。如果没有企业战略，业绩评价指标的选择和业绩评价标准的制定就会失去基础。从另一个角度来看，业绩评价是企业战略的实施工具，如果没有业绩评价，就无法在企业所要实现的战略规划和所要采取的行动方式之间建立起一种清晰的关系，就无法引导管理者和员工采取正确的行动。

业绩评价可以被视为一个连贯的、整体的计划和控制系统中的重要一环，用来支持和推动企业"对于价值的追求"。业绩评价体系是价值管理框架体系中对最终价值实现成果的评价和考核。

企业可以根据企业的具体环境选择适合自身的业绩评价体系。但价值管理框架体系中业绩评价体系的设计，更强调的是综合业绩评价的设计而非传统的单一财务指标体系。另外，财务指标和非财务指标的选择要平衡、恰当。最后，业绩评价体系所得到的评价结果一定要和企业的具体目标和战略相对接，用以最终衡量是否实现具体的价值目标以及战略是否有效。

由于业绩评价指标可分为财务指标和非财务指标两大类。因此，业绩评价的内容也包括财务评价和非财务评价两个方面。在基于价值管理的现代企业理财环境下，企业财务活动及其效率和效果的综合性以及与企业目标的统一性，必然使财务评价成为企业业绩评价的重点。通过财务评价，可以衡量企业在某个时期为股东实现的财务业绩以及创造的股东价值。财务评价在实践中得到广泛应用，除了因其重要性以外，还因为财务指标计算数据的生成严格遵循会计准则和会计程序，具有较高程度的可比性和可靠性。

尽管如此，财务评价并不是企业业绩评价的全部。仅仅进行财务评价，无法反映企业股东价值创造活动的全部，也无法全面地反映企业价值驱动因素。特别是在基于价值管理的现代企业理财环境中，经济全球化、信息革命和市场的瞬息万变导致企业竞争加剧。从现实来看，企业竞争的核心已经转变为技术竞争和人才竞争，物质资本在企业股东价值创造活动中的作用逐渐下降，企业的无形资产比重逐步上升，知识资本对企业股东价值创造产生了越来越重要的影响，包括研究开发、员工培训和品牌建设等活动在内的非财务活动对企业未来财务业绩和股东价值创造具有长期效应。许多研究者认为，非财务指标能够有效地解释企业实际运行结果与计划之间的偏差，如市场占有率和产品质量等非财务指标可以有效地解释企业利润和销售收入的变动。此外，非财务指标能够更为清晰地解释企业的战略规划以便对战略实施进行过程控制。在这种情况下，对企业的业绩评价，已经逐步从仅仅依赖财务评价过渡到强调财务评价和非财务评价相结合。

业绩评价系统根据不同的划分标准可以分为不同的模式。以评价指标的计算基础为主要划分依据，综合考虑评价目标、评价方法等其他因素，可以将业绩评价产生以来出现的业绩评价系统分为成本控制、会计基础、经济基础、战略管理和利益相关者五种模式。这五种模式都与财务评价有关，其中，成本控制模式、会计基础模式和经济基础模式强调财务指标的应用，属于财务评价类型；而战略管理模式和利益相关者模式虽然强调非财务评价指标的应用，但同时也肯定了财务评价指标的作用，因此也包含了财务评价。会计基础、经济基础和战略管理是目前为止已被人们广泛接受并在实践中得到普遍应用的业绩评价模式，所以这三种业绩评价模式成为构建反映价值创造的业绩评价系统的主要选择。

会计基础业绩评价模式的主要特点就是采用会计基础指标作为业绩评价指标，会计基础指标的计算主要利用财务报表的数据。会计基础业绩评价模式的内容和方法根据评价对象与评价目的的不同而有所不同：既可以是对筹资活动、投资活动、经营活动的综合评价，也可以是对盈利能力、营运能力、偿债能力和增长能力的综合评价。

经济基础业绩评价模式的主要特点是采用经济基础指标作为业绩评价指标，经济基础指标的计算主要是采用经济利润的理念。与传统的会计基础业绩评价模式相比，经济基础业绩评价模式更注重股东价值的创造和股东财富的增加。

四、激励机制

要使价值管理在企业实践中真正获得实施，需要明确两个问题，那就是在实施价值管理之后，管理者实现业绩评价目标将获得什么报酬；反之，如果没有达到业绩评价目标应该受到什么处罚。解决问题的措施就是构建激励机制。通过设计报酬计划，并与业绩评价结果挂钩，一方面通过奖励等手段激发管理者采取正确行动的内在积极性，诱导期望行为的发生；另一方面不允许某种行动发生，一旦发生则对管理者进行处罚。因此，建立一个以股东价值最大化为基础的激励机制是价值管理的必要部分。

对于一个企业而言，如果不将业绩评价结果与管理者的激励挂钩，那么业绩评价就会失去其应有的功能，就很可能导致战略控制失败，价值管理也就容易流于形式。在实践中，很多企业战略计划的执行缺乏严肃性，原因就在于没有将业绩评价与激励机制相互结合，业绩评价依据的是一套业绩评价指标体系，而管理者的薪酬却又取决于其他因素。激励机制的设计应该和业绩评价系统设计相配合，也就是需要与评价指标和评价标准吻合。值得指出的是，本阶段业绩评价结果及其处理还会为下一阶段战略计划的形成提供支持性的信息，甚至影响到战略目标和战略规划的调整。

"只有加以测评和奖励，人们才有动力把事情做好"。企业面临的一个问题是：为了使员工留在企业并为企业所有者创造价值，要如何最好地激励和奖赏他们。如果所有者不经常检查和监督企业的业绩和决议，就需要薪酬计划使员工动机和所有者动机一致，这就是价值管理激励计划的实质。

在制订基于价值的激励计划时，应采用个人、团队或部门有能力实现的目标，并且这些目标和其责任对应是重要的。同时，激励应该和财务目标和非财务目标联系起来。一般来说，激励计划可以按照下面的方式来设计。

最高管理层的激励仅仅和财务目标相联系。建议采用经济增加值模型（EVA）指标作为短期价值评估指标，股价可作为长期激励计划的目标。和股票相关的激励应该是长期的，这样做是为了避免股价受到人为操纵。

业务部门经理的激励以整个企业财务目标、具体业务部门财务目标、具体业务部门非财务目标相结合为基础。业务部门的非财务目标当然应该基于非财务关键价值驱动因素。不同业务部门的经营特点通常是不同的，因此不能使用相同的目标，目标必须适合于各个业务部门。

职能经理的报酬可以主要依据他所负责领域的非财务测量指标来确定。比如，对于销售经理，非财务指标可能是顾客满意度，而对于产品开发经理，可能是产品开发时间和新开发产品的销售额。小部分财务目标可以作为补充激励措施。

其他员工的报酬通常主要依据和职能经理一样的测量指标,而不是依据个人或团队水平,也不是依据业务部门水平。

第三节 投资者沟通与价值实现

一、投资者沟通

将企业价值管理框架运用到企业实践中,究其本质就是企业管理者如何针对企业价值驱动因素通过战略计划、内部报告、业绩评价以及激励机制这些程序实施管理,以实现股东价值最大化目标。不可忽略的是,企业价值创造的另一个要素就是确保企业的股票市场价格正确地反映其创造价值的潜力,这点对公开上市的企业尤其重要。为了使投资者支持股票价格,上市企业需要与投资者保持有效的联系和良好的沟通。

虽然首席执行官和首席财务官花费了大量时间与投资者进行沟通,而且所花时间还在不断增加,但是他们常常对和投资者互动的效果感到失望。

企业需要一个系统化的方法与投资者进行有效的沟通。由于股权激励以及控制权市场的压力,管理层极其关心企业的股价,始终担心股价不够高,或者市场不能充分理解他们的企业。与投资者进行高效的沟通可以帮助企业的内在价值与企业的股票市场价格保持一致。股票价格与内在价值的协调应该是投资者沟通的核心,而不是单纯地追求最高股价。如果企业的股价超过了其内在价值,那么当市场了解了企业的绩效后,其股价最终会下跌。股价过高可能会鼓励管理者采用激进的短期策略去支撑股价,如降低能够创造企业长期价值的资本投资或研发投资等。但股价下跌后,员工士气受挫,管理层必须面对董事会的质疑。另外，股价太低会使企业面临并购的威胁。[①]

二、价值实现

如果企业想让潜在的投资者觉得企业正在为股东创造较高的股东价值，就必须向投资者推销自己。有效的投资者沟通至少应该能够做到以下几点：第一，投资者沟通战略应该基于价值评估，也就是要对市场价值进行彻底的分析，并对企业内在价值进行细致的评估；第二，企业向投资者传递的信息应该与企业根本的战略和绩效保持一致；第三，通过企业财务报告及其他方式，向投资者提供企业经营业务所涉及的价值评价因素、相对应的财务指标以及评价企业和个人绩效的结果，也就是企业要保持高度的透明度；第四，进行投资者沟通首先需要了解企业的投资者，并评价哪些投资者最为重要。

更具体来讲，从投资者关系角度来说，正确的自我推销应该包括以下几点：第一，安排首席执行官和首席财务官参与正式的、与投资界沟通的计划，如例常性地拜访主要的投资机构，这种活动每年至少应进行一两次；第二，为重要的投资者提供联络的机会，以投资者关系部作为与首席执行官沟通的桥梁；第三，盯住那些可能给企业带来未来收益的机构，可考虑采取一些手段，如利用那些在特定行业中占有重要地位的机构提供的专家调查结果或搜索专家数据库等手段，找到那些已经在同一行业中取得了竞争地位的机构；第四，如果企业要进行某些变革，如改变股利政策，那么就要评估一下这一变革是否能使企业为股东创造更多的价值；第五，向投资者明确地传递关于未来价值增值和经营业绩的消息。

[①] 姜雨峰，潘楚林.战略性企业社会责任的边界、评价与价值实现[J].南京审计大学学报，2016，13（05）：37-44.

第七章　企业价值与企业价值评估

第一节　企业价值概述

一、企业价值的概念

企业价值中的"价值"是一个争议较大的经济学概念。马克思的劳动价值论认为,商品的价值是凝结在商品中的无差别人类劳动。劳动创造了价值,劳动具有抽象劳动和具体劳动二重性质,抽象劳动创造了商品的价值,具体劳动创造了商品的使用价值。

"价值"究竟是一个主观范畴还是一个客观范畴?马歇尔通过均衡价值理论对这一问题进行了调和。在他看来,价值既取决于供给因素,又取决于需求因素。从供给方面看,生产费用是决定产品价值的因素;从需求方面看,效用或边际效用是决定产品价值大小的因素。商品最终价值的决定是供求双方共同作用的结果,这一价值理论就是所谓的均衡价值论或均衡价格论。由于供给方面的"费用"因素属于客观范畴,需求方面的"效用"因素属于主观范畴,因此,在马歇尔看来,价值这一概念既带有主观性,又带有客观性。

《国际评估准则2007》对"价值"的定义为:"价值是一个经济概念,指买卖双方对可供购买的商品或服务最有可能达成协议的价格。""价值并非(一般意义上的)事实,而是特定时点根据特定价值定义,对商品和服务进行交易最可能成交价格的估计额。价值的经济学概念反映了在评估基准日,市场对某人拥有某项商品或接受服务而具有的利益的判断。"

从价值评估的角度,认为"价值"是"拥有某项商品或接受服务而具有的利益的判断"也许更容易得到认同。更准确地讲,价值是用货币表示的,在特定时点、根据特定价值定义,对某项商品或服务所具有的利益的判断。这些利益可以是当期的,也可以是商品或服务带来的未来的利益。

具体到企业,企业设立与存续的目的是盈利,对企业投资者而言,价值概念中的"利益"体现为投资者所拥有的企业未来盈利及相关权益。因此,企业价值可以定义为:用货币表示的,在特定时点、根据特定价值定义,对企业未来盈利性和相关权益的判断。企业价值的概念表明企业价值具有以下几个特点:

第一,整体性。企业盈利性是企业各种单项资产(有形资产和无形资产)构成的经济综合体,在现实市场环境、内部管理和外部影响等条件下的获利能力的体现。企业价值的载体是企业的整体资产或企业某一部分资产有机构成的资产组合,整个资产组合的价值并不简单等于各单项资产价值之和,而是在"1+1＞2"的组合效应基础上体现出来的资产整体价值。

第二,前瞻性。企业价值在于企业未来的盈利,未来盈利能力越强,创造的经济利益越多,企业价值越大,反之则越小。企业过往盈利业绩只能成为历史,和企业价值没有必然联系,并不是说过去盈利能力强,企业价值就大,过去盈利能力弱,企业价值就小。

第三,动态性。企业面临不断变化的内部环境和外部环境,宏观经济政策、中观产业政策、微观经营管理政策的变化都会影响到企业的盈利能力,进而影响到企业价值的高低。这就是说,企业价值处于一个动态变化过程中,企业价值多少是针对某一特定时点而言,所谓企业价值评估是评估某一特定时点即评估基准日的企业价值。

二、企业价值的经济学分析

从"质"的角度看，企业价值取决于企业未来盈利，企业通过持续不断的经营活动，创造盈利满足投资者的逐利需求，即企业价值在于企业未来的收益流。从"量"的角度看，企业价值量的大小并不等于未来收益流的简单相加，而是等于未来收益流的折现值。之所以要对收益流进行折现，是因为投资者对财富（通常以货币资金代表）具有时间偏好，同时，对财富的消费存在边际效用递减现象。①

投资者对财富的时间偏好表明，在对财富当期消费和未来消费进行选择时，投资者倾向当期的财富消费，即财富当期消费效用大于未来财富消费效用。若以货币资金作为财富的代表，由于投资者存在对货币资金的时间偏好，同样数量的货币在不同时点具有不同的效用，投资者进行投资是跨期消费决策的结果，将财富转化为投资意味着投资者为了将来消费而放弃了当期消费，既然投资者放弃了当期的消费，那么就必须获得相应的补偿。举例说明，若投资者乐于将本用于当期消费的100元钱转化为投资，而1年后105元消费所带来的效用满足与当期100元消费所带来的效用满足相同，其中多出来的5元，就是给予投资者放弃当期消费的补偿。

一般而言，投资者时间偏好补偿的大小等于无违约风险资产的固定收益，此处的无违约风险资产意味着其所给予投资者的时间偏好补偿具有确定性，对于补偿数量、补偿时间和补偿方式，投资者事前能够准确预期。然而，企业给予投资者的时间偏好补偿则具有不确定性，企业未来究竟能否盈利、能否给予股东补偿、补偿数量是多少，企业和投资者事先都不知晓。也就是说，企业对投资者的时间偏好补偿具有风险性，企业投资者因为承担了这种风险而需要另外再得到补偿，这种补偿是财富边际效用递减规律作用的结果。

财富边际效用递减规律表明，随着财富的增加，单位财富增加的效用满足不断下降，而随着财富的减少，单位财富导致的效用满足减少不断增加，为了使投资者的效用满足不因时间偏好补偿的不确定性而减少，则必须追加财富的消费。假设投资者将100元投资于年收益5%的国债，则1年后可以肯定获得

---

① 黎萍.企业价值最大化研究[J].中国乡镇企业会计，2020（12）：152-153.

105元的消费，效用满足为70个单位。若将100元投资于企业，则无法肯定获得105元的消费（为方便起见，假定企业仅经营1年时间），假设企业有50%的概率给予投资者2元的股息，有50%的概率给予投资者8元的股息，加上100元股本金，则投资者1年后可消费财富有50%的概率为102元，有50%的概率为108元，财富期望值为105元。以105元的财富消费为基准，由于财富边际效用递减规律的作用，在获得2元股息、财富消费为102元的情况下，投资者获得的效用为68个单位，减少3元消费所带来的效用损失为2个单位；而在获得8元股息、财富消费为108元的情况下，投资者获得的效用为71.2个单位，增加3元消费所带来效用增加仅为1.2个单位，最终投资者的效用期望值为69.6个单位（68×50%+71.2×50%），小于105元消费的效用70个单位。为了使投资者在不确定性情况下的消费效用与105元消费效用相同，即仍然为70个单位，则必须增加投资者的财富支出，即以105元消费为基准，增加8元消费所带来的效用满足与减少3元消费所带来的效用损失相同，同为2个单位，此时，投资者的效用期望值为70个单位，财富收益期望值为7.5元（期望收益率为7.5%），扣除时间偏好补偿5元，剩余的2.5元即为风险溢价（风险报酬率为2.5%）。

由于存在消费的时间偏好以及财富的边际效用递减现象，对于任何一个理性的投资者而言，他所愿意支付的投资额不会超过所投资资产带来收益额的现值，任何股票、债券或企业今天的价值，都取决于该项资产在其剩余期限内预期所能产生的现金流入量或流出量，用恰当的折现率计算的折现值大小。也就是说，企业今天的价值应该等于以和未来收益流风险程度相适应的折现率对预期收益流进行折现后的数额。

第二节　企业价值评估的产生与发展

所谓企业价值评估是指服务于证券投资决策、并购交易决策、企业财务决策等特定目的，应用特定评估方法，以货币形式量化特定时点企业获利能力及其相关权益。企业价值评估之所以得以产生与发展，是因为社会经济演进与深化，社会经济关系日趋复杂、多样，从而对企业价值评估提出了现实和日益增长的需求。与此同时，评估理论、评估技术的发展，提供了开展评估活动的多种路径和方法，企业价值评估的准确性不断提高，企业价值评估需求得到有效满足。

一、西方国家企业价值评估的产生与发展

19世纪60年代，随着工业化的开始，企业并购在证券市场上逐渐活跃起来。19世纪末至20世纪初，美国形成了历史上第一次并购浪潮的高峰期，作为并购交易的参与者，无论是股权购买方还是提供资金的投资银行以及并购经纪人，都对企业价值评估产生了需求，人们开始关注企业价值的大小。在企业并购活动中，被并购企业的价格是一个核心问题，唯有确定一个交易双方都能接受的合理价格，并购交易活动才能完成。企业并购交易中买卖双方都能接受的合理价格通常表现为企业的交换价值或公允市场价值。斯提杰克（Dev Strischek）对并购过程中企业价值的确定进行了分析。他认为，早期并购活动中，企业价值往往并不仅仅是以持续经营为假设前提，而是将贡献原则与变现原则混合在一起，表现在评估方法上，人们经常采用较为客观的成本加和法，诸如以资产的市场价值、账面价值、原始成本等作为判断企业价值的依据。

虽然企业价值评估尚未充分考虑企业未来盈利，但自19世纪后半叶开始，收益折现思想已经开始在西方国家的项目评估以及单项资产评估（特别是不动产评估）中加以应用。当时，美国铁路大发展急需一种对投资项目进行评估的工具，美国土木工程师威灵顿（A.M.Wellington）提出了以时间价值折现项目未来收益后与项目投资及前期费用进行比较的项目评估方法，这一方法在实践中得到了比较广泛的认可。其后，工程师本耐尔（Walter Pennell）建立年金现值模型对新建设备方案和保留既有设备方案进行比选。一些经济学家对实践中的收益折现思想进行了分析和总结，逐渐形成比较完整和系统的价值评估理论和方法，并应用到土地、建筑物、机器设备等单项资产的评估中去。

1906年，美国经济学家费雪（Irving Fisher）在其专著《资本和收入的性

质》中指出，资本能带来一系列未来收入，资本价值实质上是其未来收入的折现值，即未来收入的资本化；任何财产或所拥有财富的价值均来源于这种能产生预期货币收入的权利，财产或权利的价值可通过对未来预期收入的折现得到；收入与资本之间的关系通过利息率来转换。次年，费雪出版了他的另一部专著《利息率：本质、决定及其与经济现象的关系》，在分析利息率的本质和决定因素的基础上，进一步研究了资本收入与资本价值的关系，从而形成了资本价值评估框架。1930年，在他出版的《利息理论》一书中提出的确定性条件下的价值评估技术，成为现代评估技术的基础之一。费雪认为，在确定性情况下，一个投资项目的价值就是未来预期现金流依据一定的利率折现后的现值。如果项目预计现金流的现值（价值）大于现在的投资额，则投资可行，反之则不可行。投资者所期望获得的未来收益的现值就是现在可以投资的价值，只有当项目未来收益的现值（价值）大于它的投资（成本）时，投资者才选择投资。在企业产权交易中，对收购方来讲收购企业实质上也是一种投资活动，因此，所收购企业的价值就是它所能带来的未来收入流量的现值。

费雪的价值评估理论前提是，企业未来收益流已知和确定，企业资本的机会成本（折现率）即为市场的无风险利率。但在现实经济活动中，企业面临着极大的不确定性，在不确定情况下，企业价值评估时折现率如何确定就成为评估实践面临的一大难题，同时也成为经济学家研究的热点问题之一。

20世纪50年代，金融创新在英、美等国家产生，经济活动与金融活动日益密不可分，在经济金融化形势下，企业价值评估已经走入了一个更为广阔的领域，成为企业理财不可或缺的一项重要工作。随着投资者数量的日益增多，上市企业的经营行为和理财行为迅速在企业股票价格上得以体现，企业股票价格的变化直接导致了各类投资者财富的增减。随着证券市场的不断完善，投资者行为的理性程度也在不断提高。他们越来越清醒地认识到，投资获利水平取决于企业在未来时期里可能获得的收益（现金流）。企业的可持续性发展成了投资者和企业管理者所关心的核心问题。经济金融化在奇迹般地提高了整个经济系统流动性的同时，也带来了不容忽视的风险，对企业风险的界定、度量及控制已经成为一个极其关键的要素。企业要想求得长远发展，必须在风险与收益之间进行科学的权衡。在这种背景下，涵盖可持续发展和风险要素的企业价值评估便成为投资者和企业管理者的一项十分重要的经常性工作，投资者进行企业价值评估并据此作出买卖决策，从而使得股票市场价格不断达到新的均衡。

随着经济金融化的不断发展和深入，西方工业发达国家的许多优秀企业开始进入财务导向时期，这意味着企业价值理论已经成为企业管理理论的核心内容。1958年，意大利籍著名财务管理学家莫迪利安尼（Modigliani）和美国经济学家米勒（Miller）发表了对财务管理学研究具有深远影响的学术论文《资本成本、公司理财与投资理论》，对投资决策、融资决策与企业价值之间的相关性进行了深入研究。他们认为，企业价值的大小主要取决于投资决策，在均衡状态下企业的市场价值等于按与其风险程度相适应的折现率对预期收益进行折现的资本化价值。美国学者夏普（Sharpe）的资本资产定价模型（CAPM）被应用于对股权资本成本的计算，从而大大提高了折现率确定的理论支持，也增强了收益折现方法在企业价值评估中的适用性。

资本资产定价理论解决了不确定条件下如何对企业面临的风险进行评估的问题，同时也就解决了折现率如何确定的问题，收益折现法在评估实践中逐渐得到广泛应用。以不动产评估为重点的评估中介机构也开始关注企业价值评估。20世纪60年代，美国评估师协会（ASA）率先设立了无形资产评估专业委员会，后来改名为企业价值评估专业委员会。这一举动在当时评估界引起了广泛争议，当时的主流观点是：第一，价值评估行业不应扩大到不动产以外的领域；第二，即使有企业价值评估的需要，大多是企业在并购时自己去做，不会有人花钱去聘请独立的评估师进行估值。ASA的改革虽然受到了多方压力，但ASA的改革体现了价值评估行业的重要发展方向。事实证明，ASA这一改革方向是正确的，不仅企业价值评估有其存在和发展的必要，专业评估人员以独立第三方的身份为企业提供企业价值评估服务也逐步得到了社会各界的认可。ASA企业价值评估专业委员会的成立不仅顺应了资本市场发展的需要，也推动了企业价值评估理论和实践的迅速发展，ASA也成为国际上最具影响力的评估协会之一，特别是在企业价值评估领域处于领先的地位。[1]

20世纪80年代以来，随着经济金融化和信息化的不断深入，以企业价值评估理论为指导，企业价值评估的应用领域得到极大拓展，从传统的并购重组、股权投资，拓展到企业内部的财务决策、企业员工持股计划、法律诉讼、税基确定等，企业价值评估在西方国家经济发展中扮演了重要角色，对经济发展起

---

[1] 朱民琪. 互联网企业价值评估研究 [J]. 合作经济与科技，2022（23）：95-97.

到了积极的推动作用。

进入21世纪,为适应企业价值评估事业在世界范围内快速发展的需要,《国际评估准则》《欧洲评估准则》中陆续增加了企业价值评估准则和规范。这些准则的制定与实施,不仅对中介机构的企业价值评估行为起到了规范作用,而且也对非中介机构的企业价值评估行为起到了指导作用,并促进了企业价值评估的国际交流和合作。目前国际上影响较大的企业价值评估准则主要有:国际评估准则委员会制定的《国际评估准则》,美国评估促进会制定的《专业评估执业统一准则》,美国评估师协会制定的《企业价值评估准则》、欧洲评估师联合会制定的《欧洲评估准则》。

二、我国企业价值评估的产生与发展

企业价值评估在不同领域有着不同的产生和发展历程,其中,资产评估业和证券业是我国企业价值评估产生较早、发展较快的两个领域。

(一)资产评估业企业价值评估的产生与发展

企业价值评估是市场经济的产物,改革开放后,我国在建立社会主义市场经济体制的过程中,企业价值评估才逐渐产生和发展起来。

与西方国家企业价值评估首先产生、发展于证券投资领域所不同的是,我国企业价值评估最早产生、发展于专业性的资产评估业。20世纪80年代末90年代初,我国从国外引进价值评估行业时,企业价值评估与实物资产评估是同步引进的,并且在起步阶段受美国价值评估界的影响较大。当时已经引进了"企业的价值不等于企业资产价值简单相加"的观点与理论。但在我国长期的企业价值评估实务中,这样的理念并没有得到实际执行,我国企业价值评估和实物资产评估始终混在一起,不予区分。在我国早期的国有资产评估中,评估的主要对象是企业的相关组成资产。例如,1991年颁布的《国有资产评估管理办法》明确规定评估范围为流动资产、固定资产、无形资产、其他资产。这种表述表明了当时的认识就是只对企业的相关资产或科目进行评估,而没有涉及企业整体资产的评估。我国资产评估行业对企业整体资产的评估,实际上是在 1993 年我国证券市场发展以后才得以产生和发展，特别是在《公司法》颁布实施之后，国家需要对企业的国有资产进行折股，引发了我国资产评估行业从对会计科目资产的评估过渡到对企业整体资产（净资产）的评估。

然而由于历史原因，我国资产评估界错过了发展企业价值评估的良好时机，在企业整体价值评估的实际操作时，评估人员还是把企业分解为各个组成部分，最终成为对会计科目的评估，由此形成成本法长期占据垄断地位的格局。这种局面的形成原因除了我国评估理论引进和研究滞后，市场环境特别是资本市场、产权市场发展不完善以外，制度性因素也不容忽视，即成本法容易被评估报告审核的政府部门和评估客户所接受。成本法最形象的比喻就是将一块块砖砌起来，砖是能感觉到的，砌砖的过程也是能感觉到的，而资本市场上许多无形的参数、指标是感觉不到的。

从 20 世纪 90 年代末期开始，我国资本市场的发展经历了一个从以资产重组为主逐步过渡到资本运营和股权重组并重的过程，资本市场的不断演化和发展要求评估行业从注重实物资产评估，尽快发展到重视企业价值、股权价值的评估。资本运营和股权重组的多元化主体对评估行业提出了许多新的、更细化的要求，他们已经不满足从重置成本角度来了解在某一时点上目标企业的价值，更希望从企业现有经营能力角度或同类市场比较的角度来了解目标企业的价值，这就要求评估师进一步提供有关股权价值、部分股权价值的信息，甚至会要求评估师分析目标企业与本企业整合能够带来的额外的价值。在这种情况下，成本法评估企业价值显然难以满足市场的需求，为此，中国资产评估行业的专家和学者对企业价值评估进行了大量有益的研究和探索，2004 年 12 月 30 日，中国资产评估协会在借鉴国际惯例和成熟评估理论的基础上，结合我国的实际情况，颁布了《企业价值评估指导意见（试行）》，以此来规范评估人员的企业价值评估行为。

《企业价值评估指导意见（试行）》对企业价值评估中的主要难点进行了有益的分析，并提出了许多解决相关评估问题的新思路，实现了许多理论和实务上的重大突破，特别是对评估方法进行了整体性及系统性的规范，突破了评估方法选择的惯有模式。该指导意见指出："注册资产评估师执行企业价值评估业务，应当根据评估对象、价值类型、资料收集情况等相关条件，分析收益法、市场法和成本法三种资产评估基本方法的适用性，恰当选择一种或多种资产评估基本方法。""以持续经营为前提对企业进行评估时,成本法一般不应当作为唯一使用的评估方法。"上述规定适应了社会对企业价值评估的需求,体现了与国际评估实践的接轨,成本法不再成为优先选择的方法。随着《企业价值评估指导意见(试行)》的颁布和实施,在评估机构的企业价值评估实践中,收益法的应用逐步得到推广,收益法的使用频率不断提高,并已经超越成本法,成为使用最频繁的一种企业价值评估方法,评估机构的企业价值评估结果也得到了社会更好的认同。

由于当前经济全球化和一体化进程的大大加快,中国企业走向国际市场、国际财团进入中国的资本市场,企业价值评估业务趋于多元化,包括国有资产、民营资本、外商投资等资本权益主体的多元化和以信息产业为主导、以高新技术为推动力的产业类型的多元化等各种原因,给我国的企业价值评估行业提出了新的挑战。随着我国企业价值评估行业的不断发展,企业价值评估的方法也不断得到创新,除了对收益法、成本法和市场法三大企业价值评估方法不断改进和完善以外,评估行业进一步借鉴西方国家的成功经验,在企业价值评估中引进了期权理论和方法。对于大批高新科技企业而言,它们有着极大的发展潜力,同时也面临巨大的风险,有相当一部分高新科技企业账面利润很少甚至还亏损,传统的企业价值评估技术难以得到令人满意的评估结果,而期权理论和实践给企业价值评估提供了一种新思路,因为高科技企业的未来收益具有期权的特征,于是期权方法被广泛地引入高新技术企业价值评估中,不仅创新了企业价值评估方法,而且拓宽了企业价值评估的范围。

(二)证券业企业价值评估的产生与发展

第一,资产评估业企业价值评估产生和发展后,股票市场的繁荣与发展也推动了证券业企业价值评估的产生和发展。我国股票市场发展初期,投资者买卖决策往往建立在企业历史经营业绩基础之上,根据财务报告公布的上市企业每股收益的高低来决定买进还是卖出股票,然而,企业利润波动很大,业绩变脸现象时有发生,当年的绩优股,一年后也许就变成了亏损股,投资者因此而蒙受巨大损失。在经过长期投资实践的洗礼后,一些理性投资者开始着眼于企业的未来,通过对企业未来盈利能力进行分析,评估其内在价值之后再进行投资决策,这种投资策略往往取得了比较理想的投资效果,针对上市企业的企业价值评估越来越得到投资者的认可，同时，管理部门倡导的价值投资理念，也要求投资者进行充分的价值评估和价值分析，在股票交易环节的价值评估得以不断发展起来。

第二，股票发行制度的市场化改革以及上市企业资产重组的市场化定价改革也推动了证券业企业价值评估的发展。作为股票发行市场化改革的主要内容之一的发行定价市场化，要求新股公开发行上市时，发行价格由承销商在对股票价值进行评估的基础之上进行确定；同样，上市企业在进行并购重组时，购买整体资产或企业部分股权时，购买价格的确定也必须建立在对目标企业进行价值评估的基础之上，在大量企业在股票市场发行上市以及许多企业进行并购重组的背景下，企业价值评估需求大量产生，在新股发行环节以及上市企业并购环节，企业价值评估因此得到迅速发展。

（三）其他领域企业价值评估的产生与发展

与国外企业价值评估广泛应用于社会经济各个领域所不同的是，目前我国企业价值评估主要集中在资产评估业和证券业，除了这两个领域外，其他领域的企业价值评估才刚刚开始，比如企业内部财务管理、法律诉讼等，总体而言，尚处于发展的初级阶段。

第三节　企业价值评估的社会需求

社会经济的发展对企业价值评估提出了广泛需求，股票投资决策、企业并购决策、股票公开发行、企业绩效评价、纳税税基的确定、法律诉讼等均会频繁涉及企业价值评估，企业价值评估已经成为社会经济生活中不可或缺的专业性经济活动。

一、股票投资决策

股票投资者主要分成两大派别：技术分析派和价值投资派。技术分析派认为，股票价格的波动、股票交易量的变化反映了该股票在不同时点的供求关系，根据这些供求关系可以预测股票未来的价格走势，因此，他们将精力集中于股票交易数据的分析，在研判股价波动规律的基础上进行股票买卖决策。价值投资派则认为，尽管股票价格涨落不定，但每一只股票都有其内在价值，股票价格围绕内在价值上下波动，当股票价格与内在价值之间出现较大偏差时，股票价格迟早会向内在价值回归，因此，他们在进行投资决策时主要通过分析企业的成长预期、未来收益流的大小、未来收益流的风险等指标，利用企业价值评估模型来确定企业的内在价值，买进价格低于价值的股票，卖出价格高于价值的股票，从而获取投资回报。

无论从理论的角度还是从实践的角度，价值投资都是一种非常有效的投资方法，这种方法比其他方法更现实地应用了经济学和统计学的知识，其优越性得到了大量实证研究的检验，结果几乎都证明，在各种时间段、各种市场下，价值投资组合的收益率均高于整体市场的平均收益率。

在股票投资界，取得良好投资业绩、产生重大影响的往往是那些价值投资者。价值投资不仅是成功投资的需要，也是证券市场健康发展的需要，因此，在股票市场上，大量投资者奉行价值投资理念，通过对股票价值挖掘，进行股票买卖决策，而股票价值挖掘则需要对企业价值进行评估，通过各种价值影响因素分析，得出企业内在价值的合理判断，进而与市场交易价格比较，最终作出股票交易决策。

二、企业并购决策

并购是社会资源优化配置、企业价值增值的重要手段之一。在世界经济发展史上，曾经多次掀起并购浪潮，而当今国际经济舞台上的并购活动，其活跃程度与以往相比也有过之而无不及。自 20 世纪 90 年代以来，在证券市场的推动下，我国企业并购活动日趋活跃，并购方式不断创新，并购对我国企业的做大做强起到了积极的作用。

并购的核心是发现价值被低估的企业,或通过协同效应能为自身带来更大价值的企业,并购活动的每一个环节都离不开企业价值评估。以证券市场的并购活动为例,常见的并购活动分为重大资产重组、上市企业收购、上市企业定向发行新股购入资产以及上市企业股份回购四类,企业价值评估在这四类业务中均发挥着重要作用。

(一)重大资产重组

资产重组形式有资产出售、资产购买以及股权购买。由于目前简单出售、购买单项资产,或以资抵债式重组获取现金或突击产生利润达到扭亏为盈目的的重组案例逐渐减少,而以购入或置入盈利能力较强的企业股权为手段进行业务整合、战略转型等类型的重组已成为主流,上市企业资产重组的标的主要是企业股权。根据证监会的规定,上市企业进行这类资产重组时应以评估值为作价依据,并需提供资产评估报告,而按国资委的规定,国有上市企业进行资产交易应以评估值为定价依据。因而,企业资产重组中越来越多地涉及企业价值评估。

(二)上市企业收购

上市企业收购是指其他企业收购上市企业的股权。在直接收购上市企业股权的情况下,现行法规不强制性要求对被收购的上市企业股权进行评估。实践中,如果交易标的是上市企业流通股,其定价主要依据二级市场价;但是,在交易标的为上市企业非流通股的情况下,购买方可以对股权价值自行进行估价,如果购买方缺乏客观的定价标准,有时会委托中介机构对有关股权估值,并参考估值结果确定交易价格。

(三)上市企业定向发行股份购买资产

按国资委的有关规定,上市企业拟购买资产(通常为企业股权)若属于国有性质,这部分资产应进行评估;若属于非国有性质,由于该部分资产往往具备超额盈利能力,公允价值远远高于账面值,出售方不愿意按账面值计价,会选用以评估值为作价依据。因此,上市企业定向发行股份购买资产业务中往往需要对购入资产进行企业价值评估。[①]

（四）上市企业回购股份

在某些情况下，上市企业需要对发行在外的股份进行回购，比如，在股权分置改革前，上市企业大股东无力偿还占用上市企业的资金，只能以所持的该上市企业流通受限股抵债，或上市企业因改善股权分布等需要，回购流通受限股股东所持的股份。流通受限股股份不在二级市场流通，同类交易案例较少，缺乏客观的估价标准。因此，尽管证监会对此不作硬性规定，但部分企业仍聘请资产评估机构、财务顾问企业对拟回购股份的价值进行评估，并据此确定回购价格。

总之，国内上市企业并购重组活动为企业价值评估提供了有效需求和广阔舞台，企业价值评估在这一领域大有作为。这一点与国外情况相一致：在美国等发达国家，资产评估业务大部分属于企业价值评估和不动产评估，而企业价值评估主要服务于并购重组活动。

三、股票公开发行

企业发展离不开资金的支持，公开发行股票是企业获得发展所需资金的重要途径之一。成功发行股票对企业发展具有重大意义，它不仅可以使企业筹集大量资金扩大经营规模，投资新项目，实现企业战略目标，而且有助于改善企业资本结构和企业治理，实现企业可持续发展和企业价值最大化的目标。股票公开发行是一个向投资者推销企业股票的过程，如果说价格是指导市场运行的"看不见的手"，那么，股票发行定价就是整个股票发行过程中的核心，如果定价偏低，企业股票"贱卖"将损害老股东的利益，并且难以筹集到足够的资金；如果定价偏高，则可能无法吸引足够多的投资者，从而导致发行失败，或者可能损害承销商的利益。所以，合理的发行定价不但能使企业顺利实现融资，为企业战略目标服务，而且能兼顾发行人、投资者与发行承销商的利益，有利于企业在资本市场上的进一步运作和金融资本在上市企业间的最优配置。

---

① 朱璠. 企业价值评估问题研究[J]. 质量与市场，2022（15）：196-198.

股票发行合理定价的关键在于，股票发行价格的确定必须以股票价值为中心，综合考虑市场行情、市场资金状况、股票供求关系等因素，而股票价值究竟是多少，则必须通过对企业进行科学的评估来确定，很显然，企业价值评估在股票公开发行中居于非常核心的地位。

四、企业绩效评价

所有权与经营权分离是公司制企业的一大特征，企业的所有者不再直接经营企业，企业的经营活动由职业经理人承担，而企业经营者是否履行了职责、是否为企业所有者创造了价值，则需要通过绩效评价机制来作出判断。传统的评价指标（目前仍有许多企业采用）是企业的利润，这一指标存在诸多缺陷，主要体现在以下方面：

第一，传统利润指标没有反映企业经营中的风险。企业每期的利润是由企业所不能控制的外部因素（如企业所处的整个经济环境和行业环境）和企业管理层所制定的政策（如企业经营和财务政策的选择）综合作用的结果，在追逐利润的过程中，经营者可能会选择一些风险性的政策，比如通过高财务杠杆来提高税后利润水平，而从利润指标上并不能看出由于高财务杠杆而给企业带来的风险。

第二，利润指标并不包括所有者对企业投资的机会成本。不考虑所有者提供资本的成本，意味着利润指标高估了企业当期经营创造的价值。

第三，会计利润受会计政策的影响较大。会计政策的变化会影响企业的报告利润（有时是实质性影响）。典型的例子是，企业可以通过改变存货计价方法来虚增利润，如在材料价格上涨时，将后进先出法（LIFO）改为先进先出法（FIFO）。如何计量研发费用和汇兑损益也会影响企业的利润。

相对于会计利润，企业价值指标是企业预期未来现金流按照反映其风险的折现率计算的现值，企业的风险因素、投资者资本的机会成本均考虑在内，并且几乎不受会计政策的影响，因此，通过企业价值评估对经营者进行绩效考核已经越来越得到社会的认同。

第八章 企业价值评估的基本程序与方法

第一节 企业价值评估的基本程序

一、信息资料的收集

在企业价值评估中,信息资料的收集、分析和处理是一项基础且重要的工作。在某种意义上,企业价值评估的过程就是评估人员对与企业价值相关的数据资料的收集、整理、归纳和分析的过程。不论评估人员采用什么样的技术途径与方法,都要有充分的数据资料作保证:评估人员从什么地方收集什么信息资料?对收集来的信息资料如何分类整理?怎样归纳和分析?这些都将决定企业价值评估的质量,甚至影响评估结果的可用性,因此评估人员在选择待评估企业的数据资料时要付出很大的精力,采取一切必要措施和程序收集尽可能可靠和适当的信息资料。

(一)需要收集的信息资料

在信息资料收集的开始阶段,评估人员首先根据自己的专业知识以及本次评估的价值前提和标准、被评估企业的规模,初步判断评估中可能用到的评估方法,然后开始收集所有对本次评估有意义的信息资料。

《资产评估准则——企业价值》第十四条规定:注册资产评估师执行企业价值评估业务,应当根据评估业务的具体情况,收集并分析被评估企业的资料和其他相关资料,通常包括:①评估对象相关权益状况及有关法律文件、评估对象涉及的主要权属证明资料;②企业的历史沿革、主要股东及持股比例、主要的产权和经营管理结构资料;③企业的资产、财务、经营管理状况资料;④企业的经营计划、发展规划和未来收益预测资料;⑤评估对象、被评估企业以往的评估及交易资料;⑥影响企业经营的宏观、区域经济因素的资料;⑦企业所在行业现状与发展前景的资料;⑧证券市场、产权交易市场等市场的有关资料;⑨可比企业的财务信息、股票价格或者股权交易价格等资料。

该准则十分全面地列出了企业价值评估中应该收集的信息资料,但在具体的评估中,评估人员可能会因所选评估途径和方法不同,选取其中部分或全部数据资料收集,大体包括两个方面:

1. 企业内部信息

企业内部信息包括企业的财务信息、法律文件和经营信息。

(1) 财务信息

第一,企业的财务报表。这里所指的财务报表是企业需要根据会计准则规定编制的四个主要报表:资产负债表、利润表、现金流量表及股东权益变动表。

评估人员所要收集的财务报表一般是评估基准日之前3~5个会计期间的财务报表,即了解在评估基准日以前的最近5年的经营状况。如果企业在评估基准日之前几年内的经营情况有很大变化,则可采用最近3年或更短时期作为相关时期。当然,如果企业经营时间很长,而且又在近年内相对平稳,或有一个相对固定的经营周期,此时我们可以选取3年、10年或更长时间作为参考。这样分析和统计出来的数据就更加可靠。

这些报表都是企业的管理层遵照公允会计准则编制的,但评估人员要清楚,会计政策选择的灵活性让企业的管理层在其中加入了自己的主观意愿,比如选择利息支出的资本化或费用化、存货计价的方法、固定资产折旧的方法等。因此,在收集企业的财务报表时要注意报表的附注。这些内容可以帮助评估人员更好地了解企业管理层对会计项目的处理方法是否符合企业的状况。此外,企业的法律结构，即企业经营类型对所获得的财务信息也有较大的影响，不同的企业类型可能导致最后的评估价值结论不同。

第二，企业纳税记录。评估人员需要专门了解企业以前、现在和未来的税务政策是否享受优惠，地区政策、行业政策是否享受优惠等。这些信息一般可以在企业的年度报告上获得。很多小企业根本就没有财务报告，但这些企业也纳税，它们的纳税记录是企业唯一的经营财务信息。评估人员可以根据纳税记录遵循会计准则编制出企业财务报表，并由此对企业的价值进行评估。

第三，过渡期的报表。过渡期的报表是指不以财务年度最后一天作为报表日的财务报表。从上一个年度的年底到评估基准日的这一段时间属于过渡期，在这个过渡期编制的财务报表为过渡期的报表。过渡期财务报表的重要性在于，它反映最接近于评估基准日的这一段时期的企业财务状况，它应该是评估人员不可舍去的重要信息。当然，它的重要性也受到很多因素的影响。比如，评估基准日距财务年度日的长短，如果评估基准日距财务年度日很短，影响就不会很大。另外，企业的发展速度快慢也是一个重要因素。如果企业处于稳定阶段，短期内变化不大，那么这一个短时期的报表和原来的差别就不会很大。当然，还有很多其他影响因素。在评估中考虑过渡期财务报表就是要充分利用最近一段时间的财务信息。

第四，关联交易信息。如果企业有关联交易，评估人员应该尽可能多地收集这方面的资料并了解其实际情况，因为关联交易有可能完全被某一方所控制，从而与公平交易不同，这将影响企业的价值。评估人员在收集资料时一定不要忘记上市企业可能存在关联交易，因此，要详细记录各个关联交易的时间、地点、交易种类、交易内容、交易性质、交易价格、关联方等。

第五，表外资产与负债。有许多可以影响企业价值的资产与负债没有出现在企业的资产负债表上。主要原因是它们多半处于一种不确定的状况，同时又受限于目前企业会计准则的不完善。最常见的表外资产与负债就是在经济案件诉讼中尚未判决的事项，可能会得到赔偿，也可能付出赔偿。因此，评估人员在进行企业价值评估的时候，必不可少的步骤是询问企业这种尚未判决的经济诉讼案件及其详细情况。另外，由于环保问题，企业可能遭到政府部门的质疑而提出新的要求。

第六，其他财务信息。其他财务信息主要包括流动资产与流动负债、厂房设备及其他固定资产、高管人员的薪金报酬、股权分配、股东红利或合伙人分成以及企业核心管理人员的人身保险等方面。这些信息可以通过翻阅文字材料收集，也可以从对企业的现场访谈中获得。这些信息很容易被评估人员忽略，但它们却是准确评估企业价值所不可或缺的。

（2）法律文件

企业的法律文件是企业内部信息的重要组成部分。传统的观点认为，这部分文件主要有证明企业合法地位的营业执照、税务登记证、企业代码证，以及企业章程和其他法律文件，但是根据指导意见，还需收集被评估企业类型、评估对象相关权益状况及有关法律文件。这恰恰是评估人员以往比较容易忽视的内容，在评估报告中也往往忽略披露这些方面的信息。随着企业价值评估业务逐步多元化，被评估企业的类型和股权状况也千差万别。

（3）经营信息

企业概况：这一般可以在企业的宣传资料或企业简介上获得，这有助于评估人员了解企业的总体经营状况。

企业核心管理人员：这是企业成功经营的关键。董事长、总经理、各个部门的经理的相关信息都可以在分析中作为依据。

客户与原料供应商的信息：对经营有直接影响的是企业经营链的上、下两个环节，即企业的客户端和供应商端。客户端对那些只有少数几个主要客户的企业更为重要。实际上，许多企业都陷入了一个名为"80/20规则"的怪圈，即80%的销售收入都来源于20%的客户。所以，分析客户的信息非常重要。收集资料时不仅需要一份客户名单，而且需要列出最近几个年度或时期按销售收入或利润大小排序的客户列表，并由此分析其对企业价值的贡献以及客户变化的趋势。当然还可以从历史年份客户订单数量的比较中看出未来的发展趋势。供货商端，与客户端一样，也是影响企业价值的重要因素。特别是如果未来的原料供应情况存在不确定的因素，无疑会大大增加企业的风险。收集资料时同样需要和客户信息一样设计相关表格或列出清单，并要求被评估企业提供详细信息。

2. 企业外部信息

（1）宏观经济信息

宏观经济的分析需要收集当前宏观经济的形势、政策、法律法规、经济增长速度、全球经济发展趋势等。这些信息在后续企业价值评估环节中可以作为确定风险程度和增长速度的重要依据。

（2）行业经济信息

行业经济信息主要包括行业的特点、准入制度、市场分割状况以及行业整体发展的情况。一般这些信息可以从行业协会或资本市场对行业发展预测的有关资料中获取。有时，某些行业里有专门进行行业经济分析的咨询机构，它们详尽而专业的分析资料更具有一定的权威性。评估人员可以向企业所属贸易协会或行业协会咨询，或查询相关行业出版物及政府出版物。

（3）产品市场信息

产品市场信息是指被评估企业生产产品或提供服务的市场情况，特别是同行业企业之间的竞争市场。企业的未来获利能力和持续经营时间最终由企业之间以及产品之间的竞争来决定。一般来说，产品之间的竞争越是不充分，企业对价格的控制能力就越强，就越有可能获得高额利润，竞争优势的持续时间也就越长。反之，则向相反方向发展。

（二）信息资料的来源

在企业价值评估中，评估人员所需要的信息资料主要来自企业内部和外部，具体而言，包括以下渠道：

1. 企业内部

企业内部是提供企业价值评估相关信息的重要来源。评估人员需要事先编制企业评估资料需求清单，由企业价值评估的委托方根据清单提供相关信息。当然，评估项目的委托方可能并不具有完整和合适的信息资料，这时评估人员应在有关人员的协助下进行调查取证，包括走访企业核心管理人员、现场勘查等。

2. 企业外部

在企业价值评估过程中，对于外部信息同样需要重视并充分利用。外部信息资料一般来源于以下机构：

（1）政府部门

许多有关企业的信息可通过查看各级政府部门的资料获取，比如国资委掌握大中型国有企业的信息资料、商务部掌握外资企业的信息资料、工商管理部门掌握企业的基本登记信息、税务部门掌握企业税收缴纳的信息资料、统计部门掌握有关产业的统计数据等。

（2）证券市场交易机构

证券市场交易机构包括证监会、证券交易所、证券公司、基金公司等。它们可以提供上市企业的许多相关资料，包括年报、股票价格、行业投资价值分析报告、个股投资价值分析报告等。

（3）媒体

媒体包括杂志社（有一般杂志与专业杂志之分）、出版社（有一般出版物与专业出版物之分）、报社、网站等。它们可以提供有关宏观经济形势分析、产业分析、企业分析等方面的信息资料。

（4）行业协会或管理机构

行业协会或管理机构是企业价值评估中的一个很好的信息来源。它们能够提供有关产业结构与发展情况、市场竞争情况等信息资料。

（三）信息资料的收集过程

1. 制订收集计划

评估人员应该制订收集计划，其主要内容包括：首先，依据评估目的列出要收集的信息资料清单；其次，选择信息资料来源，即所需的信息要从何处收集、获取；最后，明确信息收集的方法。

2. 收集信息资料

评估人员可以通过以下渠道收集信息资料：采用被评估企业申报、评估人员实地考察等方法收集企业内部信息；采用网页查询、数据查询等方法收集企业外部信息。较大的项目可以聘请专业的调查机构帮助做出调查分析。收集过程中，评估人员一定要结合自身的专业知识保证所收集信息的可靠性和真实性。

3. 核对信息资料

在信息收集过程中，由于被评估企业的有关信息在不断变化，信息清单难免会出现遗漏或多余的情况，按清单要求收集完之后，评估人员要将所收集到的信息资料同评估目的核对，删掉不需要的信息，追加收集新需要的信息。

4. 鉴定信息资料

将通过不同渠道收集到的信息资料结合起来，相互印证，可以保证信息的完整性和系统性。另外，评估人员可以利用自身专业知识或通过专家咨询鉴定信息的真实性和有效性。

5. 信息资料归类

评估人员通过分析将所收集到的信息资料分类汇总，并以文字、数据的形式整理出来，如调查报告、资料汇编、统计报表等，以便更好地服务于评估的各个环节。

二、现场勘查

现场勘查对于整个评估过程具有重要意义。它不仅可以帮助评估人员获得更加可靠的信息，而且有助于被评估企业的管理者了解评估的预期目标。当然，最主要的是，现场勘查能够提高企业价值评估的效率。

（一）现场勘查在评估过程中的作用

1. 帮助评估人员了解企业历史

现场勘查可以使评估人员了解企业是如何创立与发展的。企业的历史应包括企业及其前身是何时成立，在企业发展过程中是否有任何并购或分立，企业基本形式是否有任何改变，企业经营的方向是否有任何改变，以及服务地域是否有任何改变。当然，也包括企业所有权的变化。

一个企业的历史可能比较悠久，但与价值评估分析最相关的部分通常是最近的历史。企业主要事件年表有助于评估人员确定多少年的企业财务数据将会同目前的评估工作相关，并在分析财务报表的时候辨别企业或具体经营环境的变化。

2. 帮助评估人员了解企业现状

评估人员在评估时通过访谈提出问题：企业是做什么的？为什么要选择做这个产品或服务？是什么使这个企业有资格做这个产品或服务？企业所从事业务在经济领域的前景如何？企业的优势和劣势何在？企业的价值驱动因

素是什么？得到解答后，评估人员可以更多地了解企业现状。除了这些问题外，评估人员通过访谈还可以了解被评估企业现有产品的进一步开发、新产品和新市场的开拓情况、资本性支出情况、收购兼并情况、设立分支机构情况、企业的研发项目和研发进展、企业的无形资产情况等。

3. 帮助评估人员了解管理层的收入状况

评估人员可以通过询问企业高层管理人员的年龄、健康状况、受教育程度、职业资格证书、工作经验、其他背景以及到本企业工作的时间，判断其红利以及补助是否太多或不足，从而影响企业的正常经营和未来发展。

4. 帮助评估人员了解企业的经营状况

企业的经营状况是否确实如书面材料中所说，评估人员可通过现场勘查鉴定，并进一步了解企业是如何经营的，效益如何，企业的前景是会越来越好还是日落西山。了解企业经营状况大概要了解以下四方面内容：第一，企业的原材料与供应商；第二，企业与员工或与政府之间的关系；第三，企业的存货情况；第四，企业的土地、厂房和设备。

5. 帮助评估人员了解企业的市场及其开拓情况

评估人员需要了解企业的市场及其开拓的有关情况，具体应考虑以下问题：企业的客户是谁？为什么客户要买这个企业的产品或服务而不买其他同类企业的？企业的目标市场是在继续扩张还是在萎缩？哪些力量决定企业产品或服务的需求以及需求的改变？市场是否有季节性、周期性或长期性？是否存在某些技术进步而导致市场份额的变化？若真如此，企业想在竞争中保住原有的市场份额，下一步该怎么办？如何应对？如何有效行动？一般情况下，企业的市场部经理对本企业的竞争能力总是说得保守一点，而对定义的市场潜力总是说得夸张一些。为了解这一方面的情况，评估人员在进行现场访谈时要注意提问技巧，避免因有盘问被访者的嫌疑而难以获得对问题答案的深入理解。当然，在市场开拓方面最重要的问题就是：企业是如何参与竞争的？其核心竞争力是什么？评估人员应该让企业尽量列出其每一项产品或服务在每一个局部的市场上所有竞争对手的名单和市场份额，这样可以粗略估算现有的市场份额以及今后的发展趋势。

6. 帮助评估人员鉴定企业的财务状况

评估人员为了鉴定书面资料所反映财务信息的真实性、合理性、合法性，可以同企业的财务负责人、控股股东、企业的外聘会计师以及律师进行访谈。访谈的内容包括：流动资产、固定资产、无形资产、流动负债、资本结构、账外的资产与负债、盈利能力与利润、企业保险状况以及股东分红的情况。通过这样一系列的访谈，评估人员可以更清晰地认识到企业会计政策和会计估计运用是否公允，财务报表是否真实地反映企业的财务现状。

（二）现场勘查的范围

评估人员现场勘查的范围取决于很多因素，包括评估的目的、企业经营的性质、评估项目的大小及复杂程度、评估人员能否完整收集到前面所述的书面资料以及阅读和理解它们的程度。

1. 实地访谈对象

评估人员现场访谈和谁见面，取决于从哪些人那里能够获得影响企业价值最重要的信息。在实务中，通常需要访谈的对象包括以下几类：

（1）企业法人代表

评估人员访谈企业法人代表，可以从总体上了解企业自身的定位和开办经营的初衷、企业的未来使命、企业的战略目标。这些对企业的价值都具有决定性的作用。

（2）核心管理人员

通过对企业的核心管理人员进行访谈，如生产总监、市场总监、财务总监等，评估人员可以更加了解影响企业价值的信息。比如，对市场总监进行访谈，可以了解他的年龄、性格特征、对企业的忠诚度、风险观念、销售经验等信息，而这些信息对企业未来销售量的预测是非常有用的。

（3）其他关键人员

比如，评估人员对企业的存货信息有较大疑问，就可以访谈仓库保管人员来了解收货、存货的记录是如何产生的。

（4）企业外部人员

要访谈的企业外部人员虽不是企业本身的员工，但与企业具有密切的联系。对必要的外部人员进行访谈有时候是非常有助于价值评估工作的。它不仅能够给评估人员提供必要的技术信息，而且能够让评估人员获得一些对企业的独立看法和观点。一般与企业业务有关系的专业人士主要是律师、会计师和银行家，当然还有企业的供应商和客户。通过对他们进行访谈可以得到更多的影响企业价值的因素，比如供应商改变价格提高原材料的价格，从而增加了企业产品的生产成本，企业主要客户改变发展战略减少对企业产品的需求，这些对于企业价值评估都是至关重要的。

2. 现场勘查范围

现场勘查范围主要是针对被评估企业的资产展开的，一般包括企业的存货、厂房与设备、土地等实物资产。

（1）企业的存货

存货包括原材料、在产品、产成品等。评估人员需要通过企业有关人员的协助了解存货中有多少已经报废，有多少受到损坏，有多少是存放多年或根本不能使用的，有哪些已经毫无价值却仍然记在账面上，又有哪些有剩余价值却已经冲销以及存货的周转情况如何。

（2）企业的厂房与设备

企业厂房的规模大小、结构类型等，设备维修状况如何、使用率是否很高，是否还有闲置的厂房和设备以备以后的生产发展等，对企业的价值有极大的影响。

（3）企业的土地

在我国，土地所有权归国家所有，企业对土地只拥有使用权，在会计上可以将其单独作为无形资产入账，也可以与地上建筑物一起作为房地产入账。由于土地属于稀缺资源，总体而言具有升值的趋势，而在会计上一般不对土地的价值增加进行调整，这就可能造成土地的账实不符。为此，评估人员需要通过现场勘查，掌握企业土地的相关信息，从而对企业土地对企业价值的影响进行初步的判断。

（三）现场勘查的方法

评估人员进行现场勘查可采用以下方法：

1. 现场访谈

评估人员在访谈相关人员之前要依据明确要了解的信息设置适当的问题，在访谈时有技巧地一一提出，尽可能获得准确可靠的信息。需要指出的是，通过对企业相关人员的访谈，评估人员还可以了解企业管理者，尤其是企业核心领导人的经营理念与管理哲学。

2. 现场检查

一方面，评估人员可以通过观察固定资产、监盘存货等手段来确定历史财务报表是否真实反映企业的财务状况；另一方面，评估人员可以通过现场观察企业的业务流程，进一步了解企业的经营效率与效果。

3. 借助专家的工作

企业价值评估人员可以借助房地产评估人员、机器设备评估人员以及个人动产评估人员的工作，对企业不动产和动产的价值有一个评估和判断，借助会计师、审计师、银行家、律师等了解企业经营的合理性、合法性以及风险的可控性。

三、信息资料的整理与分析

信息资料主要包括非财务信息与财务信息两大类。非财务信息资料的整理与分析方法主要采用行业分析的方法和竞争战略分析的方法，而财务信息资料的整理与分析主要利用企业财务历史数据进行会计分析和财务分析，可采取水平分析法、结构分析法、趋势分析法、比率分析法、因素分析法和综合分析法。

（一）行业分析和竞争战略分析

1. 行业分析

行业分析是指对某一行业的特征、生命周期、盈利能力进行分析。它是围绕行业内部价值创造能力展开的，通过行业分析可以辨认影响企业盈利状况的主要因素和风险，从而对评估企业当前经营业绩及其可持续性（发展前景）具有显著作用。

2. 竞争战略分析

企业价值评估首先需要预测和分析未来的盈利能力。企业的盈利能力不仅受所处行业的影响，还与企业所选的竞争战略有关。竞争战略分析的关键在于根据行业分析的结果判断企业选择竞争战略的合理性。只有选择了合理的竞争战略，企业才有可能保持高竞争能力和高盈利能力。一般而言，给企业带来竞争优势的战略有两种：成本优势战略和产品差异化战略。

成本优势战略是指以较低的成本提供产品和服务。企业可能通过规模经济、学习曲线、提高生产率、简化产品设计、降低投入成本和提高组织效率等方式来获得成本优势。成本优势战略适用于对产品或服务价格弹性较为敏感的顾客。

产品差异化战略是指面对不同收入水平、不同年龄层次、不同性别的顾客，对产品的服务、外观、广告等进行差异化设计，以满足顾客的不同需求。产品差异化可以凭借产品质量、产品多样性、产品捆绑销售等方式实现，也可以通过产品外观、产品信誉实现。

除此之外，企业的战略按照内容还可以分为快速扩张型、稳健发展型和防御收缩型三种类型。企业可以根据具体情况制出适合企业自身的发展战略。只有所制定的战略适合企业的实际情况，企业才能创造超额的价值。

（二）会计分析与财务分析

1. 会计分析

会计分析是财务报表分析的基础，同时也是企业价值评估的基础。会计分析一方面通过对会计政策、会计方法、会计披露的评价，揭示被评估企业所提供会计信息的质量；另一方面通过对会计灵活性、会计估价的调整，修正会计数据，为后续财务分析奠定基础，并保证财务分析结论的可靠性，最终保证企业价值评估结果的可靠性。总而言之，会计分析的目的在于，评价被评估企业会计所反映的财务状况与经营成果的真实程度。

2. 财务分析

财务分析的主要目的是对企业的盈利能力、偿债能力、营运能力、增长能力等方面进行分析，从而评价该企业的财务状况、经营成果、现金流量等情况，具体包括盈利能力分析、偿债能力分析、营运能力分析和增长能力分析四个方面。因此，财务分析是评估人员了解被评估企业财务状况、经营成果和现金流量的主要手段，有助于评估人员判断被评估企业的盈利能力、财务风险与发展前景。财务分析的基本方法是比率分析法、因素分析法，其中比率分析法是财务分析中最重要、最常用的方法。

比率分析法是一种利用两个或若干个与财务报表相关的项目之间的某种

关联关系，运用相对数来进行考察、计量和评价，借以评价企业财务状况、经营业绩和资金情况的财务分析方法。

四、企业价值评估方法的选择与运用

《资产评估准则——企业价值》第二十二条规定：注册资产评估师执行企业价值评估业务，应当根据评估目的、评估对象、价值类型、资料收集情况等相关条件，分析收益法、市场法和成本法（资产基础法）三种资产评估方法的适用性，恰当选择一种或者多种资产评估方法。因此，在信息资料收集、现场勘查与信息资料分析的基础上，评估人员需要根据具体情况选择合适的企业价值评估方法，并合理运用。因为不同方法的基本原理不同，适用条件也不同，所以评估人员需要根据不同方法的基本原理和适用条件，结合评估目的，信息资料的完整性、时效性和可靠性，以及被评估企业的具体情况进行合理选择。

不同方法的运用也需要遵循一定的步骤。评估人员在选择方法之后需要按照既定的步骤评估企业价值，得出企业价值评估结果。

五、企业价值评估结果的调整与报告

通常，评估人员需要同时运用不止一种方法得出被评估企业的初步估值。《资产评估准则——企业价值》明确规定：以持续经营为前提对企业价值进行评估时，资产基础法一般不应当作为唯一使用的评估方法。不同方法从不同角度对被评估企业的价值进行了反应，并且可以相互比较与验证。然而，要最终确定被评估企业的价值，还要解决以下问题：一是确定是否需要对企业价值评估进行调整；二是如何对企业价值评估的过程及结论进行适当的披露，以使企业价值评估结论的需求者能够正确地使用企业价值评估结论。

（一）企业价值评估结果调整的类型与方式

1. 控制权溢价或折价调整

注册资产评估师应当知晓股东部分权益价值并不必然等于股东全部权益

价值与股权比例的乘积。评估人员评估股东部分权益价值，应当在适当及切实可行的情况下考虑由于控制权、少数股权等因素产生的溢价或折价。控制权是指拥有一定的控制力的权益。不具有控制力的权益被称为少数权益。控制权能使收购者有权决定被收购企业的财务和经营决策，并能据以从该企业的经营活动中获取利益。控制权溢价通常是指一个投资者为了获得企业普通股的控股权益而愿意付出比市场流通的少数权益价值更高价格的附加价值。大多数企业产权交易并非企业整体产权转让，交易的对象只是企业的部分股权。如果拥有这部分股权从而对企业产生控制力，其单位价值就通常要高于对企业无控制力的少数股权单位价值，即产生了控制权溢价。控制权溢价产生的根本原因在于收购者看到了并购目标企业价值增值的潜力。

2. 流动性不足折价

如果待评估企业股权缺乏流动性，就会造成流动性不足，需要折价调整，以反映不能迅速将其转化为现金从而给价值带来的减值影响。评估人员在执行企业价值评估业务时，应当结合所选择的评估方法，关注流动性对评估对象价值的影响。当流动性对评估对象价值有重大影响时，应当予以恰当考虑，还应当在评估报告中披露评估结论是否考虑了流动性对评估对象价值的影响。在企业价值评估中，评估人员考虑流动性不足折价时基于以下假设：受到流动性限制的股权价值低于可自由交易的股权价值。从20世纪90年代开始，实证研究给出的流动性折价的中间值大约是20%。

评估人员进行价值调整，还必须考虑评估方法的特点。比如收益法的评估结果已经包含控制权溢价。在成本法下，其评估结果是否包含控制权溢价则存在不确定性。要注意区分以下两种情形：如果是整体价值评估，通常认为已经考虑了控制权溢价因素，也可能存在收购后通过改变资产结构或资本结构从而实现控制权溢价。在运用市场法评估非上市企业股权价值时，所选取的可比企业是上市交易的企业，这时就应当考虑流动性不足折价。

3. 最终价值结论的确定

为了避免使用单一评估方法产生偏差，评估人员往往需要借助多种评估方法从不同角度揭示被评估企业的价值。这时就涉及如何综合多种评估方法的结果，确定最终价值结论的问题。评估人员对同一评估对象采用多种评估方法时，应当对各种初步评估结论进行分析，结合评估目的、不同评估方法使用数据的质量和数量,采用定性或者定量分析方式形成最终评估结论。有些评估人员采用简单平均法得出最终评估结果的做法通常是不可取的,而采用加权平均的方式是可取的。即运用多种评估方法评估某一企业的价值,并经过调整后,运用加权平均法得出最终评估结果。

（二）评估报告的内容与披露

1. 评估报告的内容及其要求

《资产评估准则——企业价值》明确规定,注册资产评估师执行企业价值评估业务,应当在履行必要的评估程序后,根据《资产评估准则——评估报告》编制评估报告,并进行恰当披露。

《资产评估准则——企业价值》的有关条款基本上涵盖了企业价值评估报告应披露的内容。这就使企业价值评估报告在可能根据不同具体情况出现不同的报告形式之后,能够在内容和实质上达成一致。

2. 评估报告的披露要求

《资产评估准则——企业价值》规定,注册资产评估师执行企业价值评估业务,应当在评估报告中披露必要信息,使评估报告使用者能够理解评估结论。

注册资产评估师运用收益法和市场法进行企业价值评估,应当在评估报告中重点披露下列内容:影响企业经营的宏观、区域经济因素;所在行业现状与发展前景;企业的业务分析情况;企业的资产、财务分析和调整情况;评估方法的运用实施过程。

注册资产评估师在评估报告中披露影响企业经营的宏观、区域经济因素,通常包括下列内容:国家、地区有关企业经营的法律法规;国家、地区经济形势及未来发展趋势;有关财政、货币政策等。

注册资产评估师在评估报告中披露所在行业现状与发展前景,通常包括下列内容:行业主要政策规定;行业竞争情况;行业发展的有利因素和不利因素;行业特有的经营模式;行业的周期性、区域性、季节性等特征;企业所在行业与上下游行业之间的关联性;上下游行业发展对本行业发展的有利影响和不利影响。

注册资产评估师在评估报告中披露企业的业务分析情况,通常包括下列内容:主要产品或者服务的用途;经营模式;经营管理状况;企业在行业中的地位、竞争优势及劣势；企业的发展战略及经营策略；等等。

注册资产评估师在评估报告中披露企业的资产、财务分析和调整情况，通常包括下列内容：资产配置和使用的情况；历史财务资料的分析总结，一般包括历史年度财务分析、与所在行业或者可比企业的财务比较分析等；对财务报表及相关申报资料的重大或者实质性调整。

注册资产评估师在评估报告中披露评估方法的运用实施过程，通常包括下列内容：评估方法的选择及其理由；评估方法的运用和逻辑推理过程；主要参数的来源、分析、比较和测算过程；对初步评估结论进行分析，形成最终评估结论的过程。

第二节　企业价值评估的基本方法

依据企业价值的定义，评估方法应选择现金流量折现法。但是，在实际操作中，人们并不拘泥于这一种方法，而是采用多种方法对一家企业进行价值评估。在企业持续经营的前提下，人们评估企业价值的方法有十几种，但总的来说，可以把这十几种方法分为三大类：资产基础法、市场法和折现法。

第一，资产基础法。资产基础法也称成本法、重置成本法，使用这种方法所获得的企业价值实际上是对企业账面价值的调整数值。这种方法起源于对传统的实物资产的评估，如对土地、建筑物、机器设备等的评估，而且着眼点是成本。资产基础法的逻辑基础是所谓"替代原则"：任何一个精明的潜在投资者，在购置一项资产时，他所愿意支付的价格不会超过建造一项与所购资产具有相同用途的替代品所需的成本。因此，如果投资者的待购资产是全新的，其价格不会超过其替代资产的现行建造成本扣除各种损耗的余额。

资产基础法在评估企业价值时的假设是企业的价值等于所有有形资产和无形资产的成本之和减去负债。资产基础法在评估企业价值时，可以回答以下问题：今天购买的所有资产并把这些资产组装为一个运营企业需要多少成本？

这种方法强调被评估企业资产的重置成本。使用这种方法，主要考虑资产的成本，很少考虑企业的收益和支出。在使用成本法评估时，以历史成本原则下形成的账面价值为基础，适当调整企业资产负债表的有关资产和负债，来反映它们的现时市场价值。

资产基础法在评估企业价值时的优点是账面价值的客观性和可靠性。资产基础法以历史成本的账面价值为基础，而会计学上对历史成本原则的批评，直接导致了人们对成本法的种种非议。

第二，市场法。当未来现金流量实在难以计算时，评估人员经常转向市场，将目标企业与其他类似的上市企业进行比较，并选用合适的乘数来评估标的企业的价值，这就是企业价值评估的市场法。市场法的关键就是在市场上找出一个或几个与被评估企业相同或相似的参照物企业，分析、比较被评估企业和参照物企业的重要指标，在此基础上，修正、调整参照物企业的市场价值，最后确定被评估企业的价值。因此，市场法又称相对价值法。市场法的逻辑依据也是替代原则。根据替代原则，一个精明的投资者在购置一项资产时，他所愿意支付的价格不会高于市场上具有相同性能的替代品的市场价格。因为市场法以替代原则为理论基础，以市场上的实际交易价格为评估基准，所以市场法的假定前提是股票市场是成熟、有效的，股票市场管理是严密的，目标企业和参照上市企业财务报告的数据是真实可靠的。股票市场越发达、越完善、越有效，利用市场法评估的企业价值就越准确。在股票市场存在重大缺陷、不充分、不完善、缺乏效率的情况下，难以采用这种方法。

在运用市场法时，选择什么样的企业作为参照物对分析结果起着决定性作用。交易所涉及的企业、市场环境和结构方式各不相同，如何确定参照物呢？从内在价值的定义而言，可比企业意味着企业应当具有相似的未来现金流量模式，以及一定的经营风险或财务风险。这些风险应当是相似的或者它们之间的差异是可以量化的，这样才能对目标企业的现金流量采用合适的贴现率进行贴现。

在实际操作中，选择可比企业的方法是，通过考虑增长前景、资本结构等方面，选择相似的同行业或密切相关行业的企业，这样可以从大量的上市企业中选出几个可比的上市企业。然后，对这几个企业进行分析、对比，判断这组可比企业乘数对目标企业价值的意义。所以，在实际设计分析过程和使用分析结果时都要慎重，不能脱离实际。

市场法以目标企业的市价为比较对象，而股票市价存在不稳定的问题。比如，有的上市企业的股价呈非理性的大幅波动，而企业的内在价值是不应该这样剧烈变化的。这样，市场法评估出的企业价值不是客观的，因此评估所选择的时机非常关键。

第三，折现法。折现法又称收益法，是指将预期收益资本化或者折现，来确定评估对象价值的评估方法。折现法是计算企业公平市场价值最妥当的方法。企业的公平市场价值即是其未来能产生的收益折现。

折现法依据折现对象的不同，又可以分为股利折现法、现金流量折现法和以会计净收益（利润）为基础的折现法。

合适的企业价值评估方法依赖于了解评估的对象和目的，这可能也是所谓的"相机决策"。在很多情况下，人们可以将三种方法结合起来使用，获得多个价值指标，然后经过比较、调整，获得最终的价值数据，而且它有可能不是一个确定的数值，而是一个数值范围，或者还有概率分布。每一种方法使用的前提和条件不同，如以账面价值为基础的成本法有可能与决策相关。每一种方法使用的前提是不一样的，如使用现金流量折现法的前提是，企业的未来预期收益和获得这种收益的关联风险是可以预测的。如果不了解或忽视每种方法的使用前提条件，那么评估出来的结果就是不可靠的。[①]

本节主要阐述两种主要的评估方法。

一、经济利润模型

经济利润又称经济增加值，通常用 EVA 表示，是美国思腾斯特管理咨询公司在 20 世纪 80 年代推出的一种业绩评估工具。自诞生以来，它除被广泛运用于企业的业绩评价外，也被作为一种价值评估工具运用于对企业价值的评估。

（一）经济利润的计算

EVA 是指经过调整的税后经营利润（NOPAT）减去该企业现有资产经济

---

① 王路. 企业价值评估管理现状及其分析 [J]. 投资与创业，2022, 33（04）: 188-190.

价值的机会成本后的余额。

1. 税后经营利润（或称息前税后利润）

根据资产负债表进行调整得到，包括利息和其他与资金有关的偿付，而利息支付转化为收益后，也是要"扣税"的。这与会计报表中的净利润是不同的。

2. 资本投入额

资本投入额的计算公式如下：

$$资本投入额 = 股权资本投入额 + 债务资本投入额$$

这一指标是企业经营所实际占用的资本额，它与总资产、净资产等概念不同。计算时，可以选用年初的资产总额，也可以选用年初与年末资产总额的平均值。

3. 加权平均资本成本

加权平均资本成本的计算公式如下：

$$加权平均资本成本 = 股权资本比例 \times 股权资本成本 + 债务资本比例 \times 债务税前成本 \times (1-所得税率)$$

加权平均资本成本既考虑了债务资本，又考虑了权益资本。

从 EVA 计算公式表明，提高企业经济利润有以下四种途径：①提高已有资产的收益，即在不增加资产的条件下，通过降低成本、降低纳税，提高资产的使用效率。②在收益高于资本成本的条件下，增加投资，扩大企业规模。③减少收益低于资本成本的资产占用。④调整企业的资本结构，实现资本成本的最小化。

（二）经济利润计算中的项目调整

在实际应用中，经济利润指标还需要对部分会计报表科目的处理方法进行调整，以纠正会计报表信息对真实业绩的扭曲。

1. 研究开发费用和市场开拓费用

在股东和管理层看来，研究开发费用是企业的一项长期投资，有利于企业在未来提高劳动生产率和经营业绩，因此和其他有形资产投资一样应该列入企业的资产项目。同样，市场开拓费用，如大型广告费用会对企业未来的市场份额产生深远影响，从性质上讲也应该属于长期性资产。而长期性资产项目应该根据该项资产的受益年限分期摊销。但是，根据稳健性原则，企业必须在研开发费用和市场开拓费用发生的当年将其列作期间费用一次性予以核销。这种处理方法把它与一般的期间费用等同起来，实际上否认了两种费用对企业未来成长所起的关键作用。这种处理方法的一个缺点就是可能会诱使管理层减少对这两项费用的投入，这在效益不好的年份和管理人员即将退休的前几年尤为明显。这是因为将研究开发费用和市场开拓费用一次性计入费用当年核销，会减少企业的短期利润，减少这两项费用则会使短期盈利情况得到改观，从而使管理人员的业绩上升，收入提高。计算经济附加值时所做的调整就是将研究开发费用和市场开拓费用资本化。即将当期发生的研究开发费用和市场开拓费用作为企业的一项长期投资加入资产中，然后根据具体情况在几年之中进行摊销，将摊销值列入当期费用抵减利润。摊销期一般为3~8年，根据企业的性质和投入的预期效果而定。

据统计，美国企业研究开发费用的平均有效时间为5年。经过调整，企业投入的研究开发费用和市场开拓费用不是在当期核销，而是分期摊销，这样不会对经理层的短期业绩产生负面影响，鼓励经理层进行研究开发和市场开拓，为企业长期发展增强后劲。我国上市企业没有义务在年报中披露研究开发费用的具体数额，只是将其作为管理费用的一部分。上市企业在使用经济利润指标时可以根据内部数据自行调整。

2. 折旧

计算折旧的方法很多，大体上可分为平均折旧法和加速折旧法两大类。平均折旧法，尤其是其中的直线折旧法应用最为广泛，其最大的优点是直观明了，计算简便，便于掌握和运用。对大多数企业而言，对厂房、设备等固定资产采用直线折旧法是可以接受的。然而，对于拥有大量长期设备的企业而言，运用直线折旧法来计算经济增加值会造成很大的偏差，不利于对新设备的投资。究其原因，主要是相对于资产本身价值的不断下降，经济利润计算方法中扣减的资本成本也在下降，从而造成旧资产比新资产便宜得多的假象。这样一来，管理者就会更少地使用昂贵的新设备来取代廉价的旧设备。

为了消除这种扭曲现象，拥有长期设备的企业可以采用加速折旧法，如采用偿债基金法来取代直线折旧法。在偿债基金折旧法中，前几年提取的折旧很少，在随后的几年中会迅速增加。但是，每年提取的折旧总额与经济利润方法中扣除的资本成本之和不变，如同偿还抵押贷款一样。这样，拥有一项资产就像租赁一项资产一样,消除了不利于采用新设备的影响。这种做法与经济现实也更加接近,因为大多数长期设备在使用初期贬值很少,随着技术老化和物理磨损,在使用末期价值会急剧下降。

3. 递延税项

当企业采用纳税影响会计法进行所得税会计处理时,受税前会计利润和应纳税所得额之间的时间性差额影响的所得税金额要作为递延税项单独核算。

递延税项的最大来源是折旧。例如,许多企业在计算会计利润时采用直线折旧法,而在计算应纳税所得额时则采用加速折旧法,从而导致折旧费用的确认出现时间性差异。正常情况下,其结果是应纳税所得额小于会计报表体现的所得额,形成递延税项负债,企业的纳税义务向后推延,这对企业是明显有利的。

EVA的支持者认为,递延税项支出应该忽略不计,因为它们不是付现成本。因此,在计算经济利润时,对递延税项的调整是将递延税项的贷方余额加入资本总额中,如果是借方余额,就从资本总额中扣除。同时,当期递延税项的变化加回到息前税后营业利润中。也就是说,如果本年递延税项贷方余额增加,就将增加值加到本年的息前税后营业利润中,反之则从息前税后营业利润中减去。

4. 各种准备

各种准备包括坏账准备、存款跌价准备、短期投资跌价准备、长期投资减值准备、固定资产减值准备、无形资产减值准备等。

根据我国企业会计制度的规定,企业要为将来可能发生的损失预先提取准备金,准备金余额抵减对应的资产项目,余额的变化计入当期费用冲减利润。这也是出于稳健性目的,使企业的不良资产得以适时披露,以避免公众过高估计企业利润而进行不当投资。可见,这种处理方法是非常必要的。

但对于企业的管理者而言,这些准备金并不是企业当期资产的实际减少,准备金余额的变化也不是当期费用的现金支出。提取准备金的做法一方面低估了企业实际投入经营的资本总额,另一方面低估了企业的现金利润,因此不利于反映企业的真实现金盈利能力;同时,企业管理人员还有可能利用这些准备金账户操纵账面利润。因此,计算经济利润时应将准备金账户的余额加入资本总额之中,同时将准备金余额的当期变化加入税后净营业利润。

5. 非正常营业利润

非正常营业利润包括短期投资收益、营业外收入、营业外支出和补贴收入。通常持有的短期投资作为剩余资金的存放形式,并保持其流动性和获利性。因此,该资产并不代表产生经营利润的资本,不应该包括在正常业务经营所用资本范围之内。相应地,短期投资收益也不应该包括在正常业务经营利润范围之内。营业外收入和营业外支出反映企业在生产经营以外的活动中取得的各项收入和各项支出。这些收入和支出与企业的生产经营活动及投资活动没有直接的关系。因此,在计算 NOPAT 时也应当扣除。在利润表调整中,短期投资收益、营业外收入、营业外支出、补贴收入均作为非正常营业收支从利润表中剔除掉,这些收支的累计税后数值对于股东权益也有影响,因此资本的调整中也应该考虑这些项目的影响。

(三)经济利润估价模型

与传统的会计利润指标不同,经济利润不仅对债务资本计算成本,而且对权益资本计算成本(机会成本)。如果 EVA 的值为正,就表示企业获得的收益高于为获得此项收益而投入的资本成本,即企业为股东创造了财富;相反,如果 EVA 的值为负,则表示企业在减少股东的财富。

根据现金流量折现原理可知,如果某一年的投资资本回报率等于加权平均资本成本,则企业现金流量的净现值就为零。此时,息前税后利润等于投资各方的期望报酬,经济利润也必然为零,企业的价值与期初相同,既没有增加也没有减少。如果某一年的投资资本回报率超过加权平均资本成本,则企业现金流量就有正的净现值。此时,息前税后利润大于投资各方期望的报酬,也就是经济利润大于零,企业的价值将增加。如果某一年的投资资本回报率小于加权平均资本成本,则企业现金流量就有负的净现值。此时,息前税后利润不能满足投资各方的期望报酬,也就是经济利润小于零,企业的价值将减少。

因此,企业价值等于期初投资资本加上经济利润的现值。

企业实体价值=期初投资资本+经济利润现值

公式中的期初投资资本是指企业在经营中投入的全部现金。

全部投资资本=所有者权益+净债务

二、实物期权评估法

（一）实物期权的定义

实物期权的概念源于梅叶斯提出的"成长期权"。他指出，企业的价值来自两部分：一是企业所拥有资产的价值；二是未来投资机会的现值（尤其是具有成长可能性的投资机会），而该投资机会可视为看涨期权。

所谓实物期权，宽泛地说，是以期权概念定义的现实选择权，是与金融期权相对应的概念。实物期权实际上是管理人员对所拥有的实物资产进行相关决策时所具有的柔性投资策略。实物期权也是一种合约，是指给予投资者以约定价格卖出或买入实物资产的权利。从相关概念来看，实物期权的执行价格和有效时间相对金融期权来说具有随机性，因此，实物期权的计算方法较金融期权更加复杂。

（二）实物期权的特征

1. 不可逆性

投资的初始成本至少是部分沉没的，改变投资或撤销投资并不能完全回收投资的初始成本。投资的不可逆性主要由于资产的专用性、利息的不对称性以及政府管制或制度安排。

2. 灵活性

实物期权投资决策的选择一般并不是非此即彼的决策，而是富有灵活性，即投资决策是一种"柔性"决策而非"刚性"决策。投资者选择的自由度越高，投资选择的价值也就越大，实物期权的价值也就越大。

3. 不确定性

投资决策只能根据目前的状态估计未来各种可能性的概率。一般来讲，投资的不确定性越大，实物期权的价值也就越大。

4. 竞争性（非独占性）

一个投资机会可能同时被多个竞争者拥有，因此该项目中包含的实物期权就可能被其中任何一个企业来执行。对于共享实物期权来说，其价值不仅取决于影响期权价值的一般参数，而且与竞争者可能的策略选择有关系。

（三）实物期权的类型

1. 延迟期权

当企业拥有了一块土地或某类资源但还没有立即利用该资产的压力时，观望产品价格的发展可能会更有利。由于市场不确定性因素的存在，管理者可以在获得足够的信息并待不确定性因素减少或消除后再进行投资。例如，网络公司可能乐于进行某商业计划，但可能又希望延迟投入资金，而将初始投资用于取得更详尽的可行性计划和市场分析报告。该初始投资则可视为下一期投资的看涨期权。

2. 阶段性投资期权

分阶段投资使得管理者具有了监督项目进度、不利条件（不管是市场还是项目本身）发生时可选择放弃的灵活性。例如，所有科学研究与试验发展（R&D）项目都可视为阶段性投资，风险资本投资也是阶段性投资。每一阶段投资都可视为关于下一阶段投资价值的期权，并以复合期权来衡量。

3. 变更期权

变更期权包括扩张期权、紧缩期权、停业期权、再运营期权等。在未来的时间内，企业若发现市场不景气、达不到预期效果，就可以选择缩减规模，这是紧缩期权；如果市场效益较原先预期乐观，就可以选择扩大规模，这是扩张期权。

4. 放弃期权

当企业面临持续不景气的状况时，若管理者发现获利不如预期时，可以放弃后续的投资并取得投资计划的预期残值，这是管理者所拥有的放弃期权。

5. 转换期权

转换期权源自能够改变资源、资产或技术的柔性。管理者可根据未来市场需求的变化来决定最有利的投入与产出，这就是管理者所拥有的转换期权。包括投入转换和产出转换两种情况。

6. 复合期权

以上几种期权基本是相互独立的，但有时又可以组合形成多种不同的期权，即复合期权。

（四）实物期权评估方法的应用步骤

实物期权不像金融期权那样容易辨别和估价，在项目投资或企业价值评估中，需要评估人员将其识别出来，并构建一个合适的应用框架。一般的应用步骤如下：

1. 或然决策描述

对将要进行的投资决策进行全面描述，说明存在哪些或然决策，可能引起决策改变的变量有哪些，决策时间和决策人是谁。有些投资总是包含一次以上的决策，相应地也包含一系列的实物期权，这些期权一般具有分层或连续结构，为了符合决策直觉和使评估更容易，可采用模块方法将复杂的期权进行分解。在实物期权评估中经常遇到的几种或然决策包括：在不同的投资规模中选择的或然决策（扩张投资、收缩投资或处置清算），在不同类别投资中选择的或然决策（投资项目A或投资项目B），在不同的时间进行选择的或然决策（加速投资或延迟投资）。

2. 确定不确定性的来源和估计不确定性

和金融期权相比，实物期权要更复杂一些，如股票期权的不确定性主要来源于相应的股票价格的波动，即市场风险。实物期权总是具有多个不确定性来源，既包括市场风险，也包括非市场风险。市场风险如产品市场规模的大小、产品价格的高低等；非市场风险如产品开发费用的高低、产品技术的成功与否等，仔细区分非市场风险以及市场风险的来源和形式有助于得到科学的结果。当存在三个或三个以上的风险因素时，期权价值的计算将变得非常困难，因此需要仔细地分析项目的不确定性，找出最为重要的风险因素。

3. 构造实物期权定价模型

识别出实物期权及其特征后，接下来就是要确定期权定价模型的输入变量并建立期权定价模型，使之适合于应用的具体细节。对于实物期权来说，B–S模型显得过于简单，不能处理较为复杂的问题，在实物期权中应用较少。二叉树模型灵活性很强，而且具有透明性，能够帮助人们较好地理解期权定价的基本步骤以及实物期权的复杂性。不管使用哪种估价模型，由于实物期权的复杂性，一般来说都需要对现成的模型进行调整以适应问题的具体细节，避免在实物期权应用过程中使用简单固定的模型为复杂的实物期权定价。建立一个正确的应用框架是实物期权定价模型成功运用的关键所在。如果应用框架过于简单，就不能涵盖正确的问题；如果应用框架过于复杂，该方法就失去大部分的优越性。

  应用于企业价值评估的期权方法的基本思路有以下几点：①把企业业务的每一个投资机会看作一个买权。根据期权股价模型分别计算其价值。②把所有这些买权的价值加总就得到业务的投资扩张价值。③按现金流量折现方法或其他合理的方法计算企业现有业务的价值。④加总业务的投资扩张价值和现有业务部分的价值就得到企业的总的价值。

第九章　特殊情形下的企业价值评估

第一节　多元化经营的企业价值评估

一、多元化经营的定义和多元化经营企业价值评估的特点

（一）多元化经营的定义

多元化经营，也称为多样化经营或多角化经营，指的是企业在多个相关或不相关的产业领域同时经营多项不同业务的战略。近年来，企业多元化经营一直是理论界和企业界的研究课题。多元化是柄"双刃剑"，既可以为企业带来巨额利润，也可能成为企业的"坟墓"。企业运用多元化经营战略，成败的关键在于企业所处外部环境及所具备的内部条件是否符合多元化经营的要求，实施的时机是否适当。因此，企业在实施多元化经营之前，应充分了解多元化经营的风险，以便采取应对措施，趋利避害，促进多元化战略的成功。

（二）多元化经营企业价值评估的特点

对多元化经营企业进行价值评估不同于对一般的单一业务企业的价值评估，其涉及多元化经营企业的多种业务活动，企业价值取决于对其控制下的多种业务是否能够进行成功的管理。一般而言，多业务分部企业价值评估的特性体现在以下方面：

第一，每个业务分部都有自己的现金流量、资本结构和资本成本。多元化经营企业价值评估并不是简单采用折现现金流量法把各个业务分部的现金流量进行折现。业务分部的现金流量的加总计算之和不等同于总部现金流量。

第二，总部收益难以全部量化，部分总部收益来源不易量化（如潜在协同作用和信息优势）。单个投资项目的评估可以使用的方法很多，包括折现现金流量法、经济利润法和相对价值法，但对单个投资项目价值评估的方法通常不能直接用于对多元化经营企业的评估。

第三，企业多元化经营对风险的分散化效用的考虑。多元化经营通常要考虑期权价值，因为多元化经营本来就是期权理论的运用。

第四，多元化溢价、折价的特殊考虑。多业务分部企业的多元化经营与企业价值间存在溢价与折价的考量。多元化经营的企业价值评估需要考虑企业多元化经营所面临的各方面经营风险，多元化经营企业的价值不是各个投资项目或者各个子、分公司的简单相加。有时候多元化经营会分散风险，在这种情况下，多元化经营评估价值大于各个项目价值之和，也就是多元化经营价值评估时，会出现溢价；不适当的多元化经营会加大风险，此时，评估出的多元化经营企业的评估价值小于各个项目价值之和。

随着我国经济的发展和市场的变化，许多多元化经营企业有了价值评估的需求。这主要是因为现在的建设项目主体或投入资金已经多元化、投资形式也已呈多样化，从而使得多元化经营企业价值评估分析也趋于多样化。

二、多元化经营企业价值评估的现状

多年来，实务界与理论界一直在讨论是否存在"企业集团化"或"业务多样化"折扣。对多元化企业进行估值时，与类似单独业务组合相比，是否要进行折扣，目前还没有一致的意见。一些人甚至认为，多元化企业应该在估值时有所溢价。在主张折扣的研究中，关于折扣的原因到底是多元化企业相对于业务单一企业的绩效较差，还是市场对多元化企业的估值低于业务单一的企业，仍存在分歧。实际经济活动中，大多数多元化经营的企业评估价值并不会出现溢价。经验而论，当被估的多元化经营企业的价值低于单一业务的同类企业时，原因主要在于企业的业务分部相对于单一业务的同类企业而言，其增长率和（或）资本回报率较低。即存在一个绩效折扣，而不是业务多样化或企业集团化折扣。目前，多元化经营与企业价值间存在的多元化溢价或者多元化折价的探讨仍是众多学者在多元化经营企业价值评估方面的研究热点。

三、多元化经营企业价值评估的方法

大多数大型企业都经营多种业务，如消费品企业，通常会在多个细分市场开展竞争（例如宝洁的美容产品、洗涤清洁剂、宠物食品和药物）。如果每个业务分部的财务特征（增长率和资本回报率）明显不同，最好对每个业务分部单独进行估值，然后加总各部分估值而得出整个企业的价值。在根据各部分业务对多元化企业进行估价时，主要按以下步骤进行：首先，创建业务分部的财务报表；其次，估计每个业务分部的资本成本；最后，单独评估每项业务，对各业务分部加总，并解释结果。

（一）编制业务分部财务报表时应重点考虑的问题

对企业的各个业务分部进行估值时，利润表、资产负债表和现金流量表都很重要。在理想的情况下，这些财务报表应该能够大致得到估算，因为业务分部的财务报表应该与该业务分部是独立企业情况下的财务报表相似。为业务分部创建财务报表时，需要考虑五个问题，分别是：分配企业的日常管理费用，处理企业间的交易，处理企业间的应收账款/应付账款，对财务子公司进行估值，对信息披露有限的上市企业估值时处理不完全的信息。

1. 企业成本

大多数多元化企业都共享服务和企业管理费用，因此，需要确定哪些成

本应该分摊给业务分部，哪些成本应该留在企业层面。企业总部提供的服务，如薪资、人力资源和会计，应根据成本驱动因素进行分摊。例如，母公司提供的人力资源服务总成本可根据各业务分部员工数量进行分配。但如果该成本的产生是由于该业务分部属于企业的一部分（如首席执行官的薪酬或企业艺术收藏），一般不需要分摊这些成本，而应将其作为企业成本进行保留，并单独进行估值。其原因在于：第一，如果这些费用不属于业务分部，将企业成本分摊给业务分部会降低该业务分部和单一业务的同类企业的可比性（大多数业务分部有自己的高级管理人员、首席财务官和审计官，和单一业务的竞争对手已经具有可比性）。第二，将企业总部作为一个独立的业务分部，可以反映其消耗多少企业价值。[①]

一般来说，多元化企业的企业成本占收入的 1%～2%，约占经营利润的 10%～20%。因此，这些成本也带来了相同比例的负价值，即约为企业总价值的 10%～20%。

2. 内部关联销售

分部收入通常包括可归属于分部的对外交易收入和对其他分部交易收入，主要由可归属于分部的对外交易收入构成。但业务分部相互之间有时也会提供产品和服务。这时为了得到合并后的企业财务结果，会计部门将互相抵销内部收入和成本以避免重复记账，只有外部发生的收入和成本才会保留在合并利润表上。在大多数情况下，这种抵销对存货影响很小，因为 EBITA 的变化由存货变化驱动，而并非由期末存货的变化驱动。在任何情况下，EBITA 的变化并不影响自由现金流，因为 EBITA 的变化被存货变化抵销了。

当编制并预测业务分部的财务报表时，应将其视为类似企业总部的独立业务分部，以进行抵销。这意味着，在预测每个单独业务分部的增长率时，需要估计企业间销售是否也会一起增长。企业间销售增长率可以通过分析其产生的详细方式和原因进行估计。最简单的方法是假设消除项与业务整体以相同的比例进行增长。需要记住的是，抵销仅用于将业务分部的预测合并到综合的企业预测时，并不影响企业或各个业务分部的价值。

此外，为了精确地为每项业务分部估值，在记录企业内部交易价格时应

---

① 李爱华，包锴. 企业价值评估风险类别及控制对策[J]. 商业会计，2017（12）：106-107.

该以与独立第三方交易的相同价格计量。否则，业务分部之间的相对价值会被扭曲。

3. 企业间应收账款和应付账款

通常情况下，多元化企业会集中管理所有业务分部的现金和债务。现金流为正的业务分部通常会将所有产生的现金转账给企业总部，设立一个与母公司之间的企业内部应收账款账户。现金流为负的业务分部从母公司获得现金以支付账单，设立一个与母公司之间的企业内部应付账款账户。这些企业间应收账款和应付账款与第三方的应收账款和应付账款不同，因此，不应该视为经营流动资本的一部分。在计算投入资本时，应该将其视为企业间权益。

4. 财务子公司

一些企业拥有财务子公司，通常是为客户提供融资的财务公司（如一汽财务有限公司）或独立经营的财务公司。财务公司的资产负债表结构不同于实业或服务类公司，其资产一般属于金融性资产（一般是应收账款或贷款）而不是实物性资产，且通常财务杠杆较高。因此，财务公司应使用权益成本对权益现金流折现值进行评估。大多数拥有重要财务子公司的企业都会为这些子公司单独提供资产负债表和利润表，这些报表可用来单独分析并评估这些财务子公司。

需要注意的是，在对企业整体价值进行估值时，不要重复计算财务子公司的负债。财务子公司的权益价值已经减去了子公司的负债，从企业价值中减去负债得出合并公司价值时，只需减去与非财务经营相关的负债。为了明确账目，通常需要将财务子公司视为非合并子公司，重新建立合并资产负债表和利润表。所得到的财务报表中，在资产负债表中单列一条代表财务子公司净权益的账目，在利润表中单列一条代表财务子公司净收入的账目。

5. 利用公开数据进行估值

如果从外部对多元化企业进行估价，不可能掌握按照业务分部分类的完整的财务报表。只能按照披露的报表项目和内容对企业进行估价。在美国通用会计准则下，企业需要披露收入、经营利润（或类似项目，如 EBITA）、总资产、折旧和资本支出，并需要将这些项目转换为调整税后经营利润增长率（NOPLAT）和投入资本。

假设某家个人产品企业，拥有三项消费品业务分部：一个拥有独立品牌的汤类业务分部、一个个人护理业务分部和一个食品服务业务分部。汤类业务分部贡献企业收入的 41.38%（2400÷5800×100%）和一半以上（616÷1064×100%）的利润。在其他汤类品牌和私有品牌的激烈竞争下，该项业务正在逐渐萎缩。个人护理业务分部也贡献了企业收入的 40%，但仅占利润的 1/3。该部门的产品组合包括强大且成熟的品牌，其增长率与 GDP 增长率相当。食品服务业务占收入的 20% 左右和余下的利润，与其他业务分部相比，具有更好的增长前景，但是却处于一个竞争激烈和对手分散的行业里。

（二）估计每个业务分部的资本成本

每个业务分部应该根据自身的资本成本进行估值，因为每个业务分部经营现金流的不可避免风险（β）和支持债务的能力随业务分部的不同而不同。为了确定业务分部的资本成本，需要明晰各业务分部的目标资本结构、权益成本（由 β 决定）和借款成本。

1. 每个业务分部的目标资本结构

第一，需要估计每个业务分部的目标资本结构，对于该目标资本结构可使用同类上市企业的资本结构平均数，尤其是当大多数同类企业都有相似的资本结构时。第二，使用行业负债水平的平均数，将各个业务分部的负债（按行业负债水平计算）进行加总，与企业的目标负债水平（并不一定是其现在的水平）相比。如果各业务分部的总负债与合并后企业的目标负债不同，一般会将差异作为一个公司项目记录下来，单独对其税盾（或当企业使用较为保守的融资时，对其税务成本）进行估值。这样做的目的是将资本成本与同类企业资本成本的差异，以及各业务分部与同一行业单一业务企业的估值差异降到最低。

如果业务分部没有可比的同类企业，或同类企业的资本结构差异很大，就需要将合并债务分配到各业务分部之间，使它们拥有相同的利息保障率（EBIT/利息费用）。利息保障率是衡量信用等级和财务风险最好的单项指标。将相同的利息保障率分配到各个业务分部，可以确保它们承担大致相同的财务风险，并对企业的整体信用风险承担相同的责任。

如果一个或多个业务分部可能有高财务杠杆的有形资产（如不动产、酒店和飞机），这种情况下，可以根据有形资产的比例将负债分配给这些业务分部。

一般来说，为了法律目的或企业内部目的，在各个业务分部之间分配负债与业务分部的经济分析之间没有联系。这些分配很少在经济上有意义，应该忽略。

2. 业务分部的资本成本

确定每个业务分部的无杠杆 β 值和权益成本。为了确定业务分部的 β 值，需先估计无杠杆的部门 β 平均数。用前面得到的业务分部的资本结构重新计算杠杆 β 值。对于企业总部的现金流，应使用业务分部资本成本的加权平均值（WACC）作为资本成本。

通过加总各个业务分部的价值而对企业进行估值时，并不需要估算企业范围的资本成本，或者调整各个业务分部的 β 值以配合企业的 β 值。各个业务分部的 β 值类比企业的 β 值更有实际意义，特别当企业是高度多元化的企业时，企业 β 估算值会有很大的误差。

（三）加总各部分并解释结果

企业估值的最后一步是计算每个业务分部的折现现金流价值并进行加总，这需要对每个业务分部预测的自由现金流进行折现，包括估计其连续价值。

对企业总部的现金流也同样单独进行估价，在估价时一般预期企业成本的增长率和企业总收入的增长率相同。为了确定持续价值，不要用关键价值驱动因素，因为 NOPLAT 是负的（企业总部仅有成本），且 ROIC 没有意义，应该使用永续年金公式。

第一，计算连续价值期第 1 年的付税后自由现金流，并且假设它的增长率永远和整个企业的增长率相同。

第二，将非经营资产价值加上各业务分部的经营折现现金流价值之和，减去企业总部的价值，即得到总的企业价值。用这个数字减去负债和其他非权益要求项目，就得到了权益价值。

对多业务分部企业估值通常会得到有趣的发现。例如，在一个消费包装品企业，核心消费品业务占收入和投入资本的 3/4，次要业务占了剩下的部分。但是，次要业务的利润率和资本回报率却接近核心业务的两倍。因此，次要业务（总价值减去投入资本）的价值创造与核心业务差不多。单纯自上而下对企业进行观察，并不会强调这种价值创造的偏差。

这些发现对于两项业务增长率和利润率提升所创造的相对价值，以及对于管理层应该注重哪些领域来说，都有重要的意义。因此，业务分部分析可以让我们深入了解企业创造价值或破坏价值的领域，以此提供一张通过业务重组而为股东创造价值的路线图。

第二节　周期性经营的企业价值评估

周期性经营企业是指企业的经营业绩与外部宏观经济环境高度正相关，并呈现周期性循环特点。汽车、钢铁、房地产、有色金属、石油化工等属于典型的周期性行业，其他周期性行业还包括电力、煤炭、机械、造船、水泥、原料药等。

一、周期性经营企业价值评估的特点

周期性经营企业价值评估的特点主要体现在两个方面：第一，进行价值评估时应当考虑周期性波动的概念；第二，周期性波动对周期性经营企业管理的影响。

（一）周期性波动的含义

周期性经营企业的周期性波动来源于两个方面：一是经济周期导致市场需求的周期性波动；二是企业投资反复波动导致供给的周期性波动。

当然，这两种原因有时会同时存在。例如，在航空业，回报的周期性是与宏观经济走势相联系的，而在造纸业，周期性在很大程度上是由行业因素造成的，而且这些因素通常都与产能相关。涨跌不定的回报增加了对这些周期性波动企业进行估值的复杂性。例如，历史绩效必须置于周期背景下进行评估。近期绩效下降并不一定预示着在未来将出现长期下滑趋势，而可能只是转入了周期的不同阶段而已。

（二）周期性波动影响企业的管理

在许多周期性经营行业，企业本身就是周期性的始作俑者。例如，日用化工企业在价格和回报率高时都会进行大量投资。由于产能大量增加，实际利用率下降，这就给价格和回报率带来了向下的压力。对产能的周期性投资成了企业盈利出现周期性的动因。消费者需求的波动并不会导致盈利出现周期性，导致盈利出现周期性的根源是生产者的供应。

管理者应该更好地把握资本支出的时机以充分利用他们对周期的认识。企业也可以实施相关财务战略，如在周期的峰顶时发行股票，或在周期的谷底时回购股票。最有作为的管理者会进一步采取交易的方法，在周期的谷底时进行收购，在周期的峰顶时出售资产。

乍看起来，周期性经营企业的股价波动太大，以至于与折现现金流估值法得到的结果并不一致。在本节，我们已了解到，股价波动可以用行业周期的不确定性来加以解释。凭借情景和概率，管理者和投资者可采用系统的折现现金流法来评估和分析周期性经营企业。

二、周期性经营企业价值评估的现状

周期性经营企业的价值评估存在价值评估理论与现实的冲突、收益预测的股票分析师与其雇主的利益冲突，因此，周期性经营企业的价值评估要考虑市场的超前反映。

（一）周期性经营企业价值评估存在理论与现实的冲突

用折现现金流法评估周期性经营企业，企业折现现金流价值的波动性会大大低于回报和现金流的波动性，这是因为折现现金流法将未来的预期现金流折算为一个单值，计算期内任何1年的现金流高低都不再重要，高现金流抵偿了低现金流，只有长期趋势才是重要的。

（二）周期性经营价值评估存在收益预测上的冲突

如何调和上述周期性经营企业价值评估存在的理论与现实的冲突？通过

考查股票分析师对周期性经营企业的共识回报预测发现：预测总是呈现斜升的趋势，不管企业是处于周期的波峰还是波谷，股票分析师对周期性波动企业的共识回报预测完全忽略了这些企业的周期性。可见，周期性经营价值评估的理论与现实冲突的原因并不是折现现金流模型与现实不符，而是市场对回报和现金流的预测（假设市场遵循分析师的共识）有问题。

股票分析师之所以回避对回报周期（尤其是下降部分）进行预测，是有一定动机的。学术研究显示，回报预测普遍存在正偏差（预测高于实际），这有时是投资银行中股票分析师所面对的激励机制造成的。

受到负面评论的企业可能会切断分析师与企业管理层进行沟通的渠道。由此，可以得出结论：作为一个群体，分析师不能或不愿预测这些企业的周期。如果市场听从了分析师的预测，那么这种行为就会导致周期性经营企业的股价大幅波动。

假设现在对一家企业进行评估，该企业看上去正处于回报周期的波峰。根据过去的周期，预计该行业会很快下滑。但又有迹象显示，该行业将跳出原有的周期。面对这种情况，一个合理的估值方法是采用多情景概率法，如建立两个情景，并为这两个情景下的价值赋予相应的权重。然后，用 3 种方法对跨度为 4 年的周期性经营企业进行估值：第一，对未来的周期有完全预见；第二，对未来的周期毫无预见，假设目前的绩效代表新的长期趋势上的一点（这实际上是共识回报预测方式）；第三，对未来的周期有 50% 的完全预见和 50% 的毫无预见。

三、周期性经营企业价值评估的方法

管理者和投资者可以明确地使用上文描述的多情景概率法对周期性经营企业进行估值。多情景概率法避免了单一预测的陷阱，可以探讨更为广泛的结果。

第一步，利用以前周期的信息建立并评估正常周期的"情景"。要特别注意经营利润、现金流和投入资本回报率（ROIC）的长期趋势线，因为它们对估值的影响最大。企业价值的确定必须以利润的正常化水平为基准，而不能以利润的波峰或波谷水平为基准。

第二步，根据企业近期绩效建立并评估新趋势的"情景"。此外，还要特别关注长期趋势线，因为它对价值的影响最大。

第三步，确定每个"情景"的经济原理，要考虑诸如需求增长、进入或退出该行业的企业和影响供需平衡的技术变革等因素。[①]

第四步，确定每个"情景"出现的概率，并计算相应的企业加权价值。每个"情景"权重的确定尤为重要，要根据经济原理及各种"情景"出现的可能性来估计。

这种方法既估算了价值，又提供了限定估值的"情景"。管理者可以利用这些限定因素改进战略，并对显示哪种"情景"可能出现的信号作出反应。

第三节　陷入财务困境的企业价值评估

本节是关于如何对陷入财务困境的企业进行价值评估的综述。评估陷入财务困境的企业的价值是企业价值评估中较复杂的部分，尤其是财务困境情况不确定的时候。外部分析人员总是缺乏关于企业经济状况的某些关键信息，所以在评价管理层的会计决策是否正确时，他们必须依靠粗略的估计和判断。

本节将重点探讨陷入财务困境的企业估值流程的不同之处：说明为何分两种情况对陷入财务困境的企业进行估值；详细阐述各种情况之下的实践应用；讨论与陷入财务困境的企业价值评估相关的具体问题，包括各种估值方法在陷入财务困境企业价值评估中的具体应用。

一、陷入财务困境的企业价值评估的特点

财务困境在国内更多地被称为"财务危机"和"财务困难"，但什么是财

---

① 于增财.企业价值评估方法的比较分析研究[J].黑龙江科学,2014,5(03):284+133.

务困境,在概念的内涵方面,还缺乏一个明确的定义和判断的标准。

从国外的研究结果来看,虽然学者之间亦有一定的分歧,但在以下几个方面已基本形成共识:财务困境都是从现金流量而不是盈利的角度来下定义的,现金流量角度和盈利角度之间的差别只在于是否将违约视为陷入财务困境的标志。当企业对债权人的承诺无法实现或难以遵守时,就意味着财务困境的产生。陷入财务困境不一定会破产,破产清算仅仅是处理财务困境的方法之一,财务困境的影响主要是在违约之前发生,因此企业价值的损失大部分是在违约或破产之前而非之后。

二、暂时困难的企业价值评估

如果困难是暂时的,企业在一定时期内能够恢复到正常的经营状况。

(一)评估企业的价值

具体讲,采用企业自由现金流量折现的方法,以现金流量为基础的价值评估基本思路是任何资产的价值等于其预期未来全部现金流量的现值总和。

之所以采用现金流量而不是会计收益是因为:采用会计收益时,会计方法和会计准则要求会计核算采用权责发生制,并且允许企业采用不同会计政策,导致会计收益容易受人为因素的影响,甚至被操纵,使得利用会计收益评估得到的目标企业的价值带有很大的欺骗性,可能与目标企业的实际价值相去甚远。[1]

会计收益方法不考虑产生利润所需要的投资或投资时机,而现金流量法考虑了价值的差异,将其作为因数计入了产生现金所需要的资本支出和其他现金流量,能比较客观地反映企业最真实的未来收益和资金的时间价值,显然,以现金流量为基础的评估方法更科学,它考虑了资本支出时间对资本收益的影响。因此,会计收益方法一般只能用于粗略的价值估测,而现金流量可以比会计收益方法更精确、更可靠地描述企业的价值。

笔者采用的是企业自由现金流量(FCFF)而不是股权自由现金流量

---

[1] 杨凡,陈茵.高新技术企业价值评估[J].现代商业,2020(31):150-152.

(FCFE),企业自由现金流量与股权自由现金流量的区别,主要来自债务相关的现金流量、利息支付、本金偿还和新债发行以及其他非股权性利益要求权,例如优先股股息,公式如下:

FCFF = FCFE+ 利息费用(1- 税率)+ 本金偿还 - 新债发行 + 优先股股息

评价陷入财务困境的企业一般都会使用FCFF,而不是FCFE,因为目标企业有较高的财务杠杆,负债通常很大,企业权益自由现金流量很多时候会出现负值,评估其价值较为困难,而按债务偿还之前得到的FCFF分析,却可抵减这方面的影响,因为它是负值的机会较小。

(二)运用标准化收益

如果企业亏损是由于一些短暂的无规律的影响因素所致,那么假设企业在不久的将来会恢复到健康状态,可以采用盈利正常化的办法,将企业经营状况比较健康的年份的平均每股收益(EPS)作为基准年收益。具体来说,如果企业历史较长,可以用EPS来计算正常的盈利水平;如果历史数据十分有限,同行业的盈利水平也在不断变化,则可用行业的平均EPS来计算正常化的盈利水平。但是如果企业基本面发生重大变化,则盈利正常化的方法就是不切实际的,并会导致价值评估的失误。

(三)采用市场价格对收入乘数法

$$市场价格对收入乘数 = 价格 \div 销售收入$$
$$价格 = 销售收入 \times 市场价格对收入乘数$$

乘数法不要求有正的利润或现金流量,因此当企业的利润或现金流量为负值时,这种方法就很有吸引力,而这又恰恰是处于财务困境的企业所经常发生的现象。乘数法还有其他的优点,如销售收入不易受企业的折旧、存货、非经常性支出等的会计处理方法的影响,另外该比率波动性较小,所以是较为可靠的指标。

采用该方法,首先要找出一系列具有可比性的企业,计算出调整后的行业平均乘数,然后将该乘数乘以评估人员对未来稳定收入的估计值,就可以得到目标企业的企业价值。这种评估方法的准确程度取决于两个因素:一是对未来收入的预测值,二是对具有可比性的企业进行分析时产生的可比性问题。

三、非暂时困难的企业价值评估

如果困难并不是暂时的、企业无法恢复到正常的经营状况。

折现现金流量评估是建立在持续经营假设之上的,也就是说现金流量在未来还会延续下去,因此,要评估那些在可预见的未来无法持续经营的企业,还得借助于其他方法,清偿价值法和期权定价法就是其中的两种方法。

(一)清偿价值法

清算价值是企业全部资产,包括工厂、财产和设备,各种自然资源或储备等,按照市场价格出售,扣除交易和法律成本后所能获得的价值。股权价值的计算公式如下:

$$股权价值=资产清算价值-未偿还负债价值$$

如果企业资产难以分离,不能单独计算,清算价值的估算就很麻烦。清算要求越紧急,资产清算价值的公允性则会越低。也就是说,如果企业急于清算变现,与公平的市场价值相比,最终接受的价格就会大打折扣。所以说,清算财产的价值主要取决于财产的变现速度。清算价值反映了一个企业的最低价值,从买方的角度而言,由于目标企业的财务状况较差且缺乏更好的增长机会,购买者可能将资产用于不同于原始用途的其他用途,因其更偏向于进行资产交易而不是股权交易。

(二)期权定价法

清算价值法假设当前资产的市场价值大于未偿还负债的账面价值。当企业的情况与这一假设不相符时,要评估该企业的价值,就只能运用期权定价的方法。

期权总价值由"内在价值"和"时间价值"两部分组成,前者是指执行价格和资产的市价之差,后者是指期权应具有的超出内在价值的价值,表明期权在有效期可能产生的收益,有效期越长,时间价值越大,到期日的时间价值则为零。

当某项投资的价值与某项标的资产价值水平紧密联系,并且随着价格水平的变化,投资价值具有很大的跳跃性时,就可利用期权原理分析。这类似于一个买方期权,最初的投资相当于支付期权费,而这种潜在的随时可能变为现实的获利机会就成为企业价值的一部分,即期权的"时间价值"。在企业迅速发展、经营风险日益加大、即时选择越来越重要的新经济背景下,运用期权定价法对企业进行价值评估的实践要求已日益迫切,而期权估价技术也显示出其独到之处。由于股权的价值可以看作相应企业价值的一个买方期权,财务杠杆很高的企业,即资产价值低于负债的账面价值的企业,其股权的价值是一个处于虚值状态的买方期权,所以可以用期权定价的方法来评估价值。

利用期权定价法进行企业价值评估的基本思路是:将企业股东权益模拟为一种期权,股东是期权的持有人,期权价值等于股东权益价值;将企业总资产视作期权的相关资产,其市场价值就是相关资产的市场价值;企业的偿还债务账面值(含应付利息)相当于期权的执行价格,期权的卖方是企业债权人。一旦期权相关资产市场价格(企业总资产价值)大于执行价格(企业债务账面值),股东行使买入相关资产的权利,即还清债务,从债务人手中买回企业。如果情况相反,企业总价值小于其债务账面值,股东则放弃拥有企业的权利,将企业留给债权人,企业的资产被清理,用于偿还债务。

无论企业处于何种经济状况,评估人员运用何种方法进行评估,都需要对很多指标进行预测。由于预测带有一定的主观性,再加上一些不可预测的因素会加大评估结果的风险,评估人员可以设计几种可能的未来财务计划方案,分别代表在理想情况、普通情况及恶劣情况下企业未来的经营状况,并据此计算出企业的价值。然后以各种方案的可能性百分比为权数分别乘以该方案的企业价值,将其结果相加即得出一个比较合理的企业价值。但运用概率权重分析法需要扎实的财务预测与业绩判断技巧。

参考文献

[1] 陈伯仲. 企业生产管理的原则及要点分析 [J]. 企业改革与管理, 2020（04）: 44-45.

[2] 陈丽芳. 工作分析在企业人力资源管理中的作用 [J]. 中国集体经济, 2021（14）: 116-117.

[3] 陈庆友. 企业财务分析存在的问题及对策 [J]. 商业 2.0, 2023（23）: 55-57.

[4] 窦艳, 侯杰. 刍议企业生产管理人员能力培养 [J]. 航空维修与工程, 2022（04）: 102-104.

[5] 韩新彬. 精益管理在企业生产管理中的应用浅析 [J]. 中外企业文化, 2022（07）: 70-72.

[6] 何丹妮. 现代企业文化建设如何以人为本 [J]. 现代商业, 2020（28）: 70-72.

[7] 纪姿含. 企业人力资源管理激励机制的创建路径 [J]. 北方经贸, 2023（08）: 128-129.

[8] 贾嘉. 互联网企业价值评估方式及应用探讨 [J]. 中外企业文化, 2022（06）: 49-51.

[9] 姜雨峰, 潘楚林. 战略性企业社会责任的边界、评价与价值实现 [J]. 南京审计大学学报, 2016, 13（05）: 37-44.

[10] 康秀平. 优化企业生产计划的精细化管理分析 [J]. 现代商贸工业, 2021, 42（21）: 161-163.

[11] 寇改红, 于新茹. 现代企业财务管理与创新发展研究 [M]. 长春: 吉林人民出版社, 2022.

[12] 黎萍. 企业价值最大化研究 [J]. 中国乡镇企业会计, 2020（12）: 152-153.

[13] 李爱华, 包错. 企业价值评估风险类别及控制对策[J]. 商业会计, 2017（12）: 106-107.

[14] 林夏菁. 内部审计管理模式影响因素研究[D]. 南京: 南京审计学院, 2015.

[15] 刘来炳. 企业生产计划与控制流程优化研究[J]. 商讯, 2022（22）: 132-135.

[16] 刘雪. 企业人力资源规划的常见问题及对策分析[J]. 商业文化, 2022（05）: 78-80.

[17] 罗宇. 中小企业绩效考核体系构建分析[J]. 人才资源开发, 2023（14）: 91-93.

[18] 马本, 秋婕. 完善决策机制落实企业责任 加快构建现代环境治理体系[J]. 环境保护, 2020, 48（08）: 30-34.

[19] 马春爱, 肖榕. 企业股利分配中的同群效应研究[J]. 会计之友, 2018（23）: 125-131.

[20] 孟雯婷. 企业价值最大化下财务管理框架探讨[J]. 合作经济与科技, 2019（04）: 170-171.

[21] 南超兰. 基于活动的成本方法对企业决策影响[J]. 物流科技, 2018, 41（09）: 44-45+61.

[22] 聂贵洪. 企业战略管理的重要性与精准化研究[J]. 中国管理信息化, 2022, 25（19）: 150-153.

[23] 潘海涛. 加快推进业财融合 引领企业价值创造[J]. 冶金财会, 2022, 41(07): 22-26.

[24] 乔小明. 现代企业伦理决策过程研究[J]. 南昌大学学报（人文社会科学版）, 2020, 51（06）: 61-69.

[25] 秦春. 企业财务管理转型路径探讨[J]. 现代营销（上旬刊）, 2022（11）: 4-6.

[26] 秦勇, 李东进, 朴世桓, 等. 企业管理学[M]. 北京: 中国发展出版社, 2016.

[27] 谭贵爱. 企业管理的重点领域及发展路径[J]. 中国产经, 2022（18）: 88-90.

[28] 王乐宇. 企业组织形式的划型与选择[J]. 经济论坛, 2012（03）: 145-150.

[29] 王路. 企业价值评估管理现状及其分析[J]. 投资与创业, 2022, 33（04）: 188-190.

[30] 王亚兰, 姜雨丝. 浅析中小企业投资管理[J]. 市场周刊, 2022, 35（10）: 13-16.

[31] 王延田, 王欢. 基于"三重一大"决策管理的现代企业治理实践[J]. 电力勘测设计, 2022（11）: 73-76.

[32] 王义. 企业财务管理内部审计控制的初探[J]. 商场现代化, 2022（19）: 132-134.